Beautiful Life

Beautiful Life

Beautiful Life

Beautiful Life

陽轉思考。

77個從逆境奮起的轉念智慧，
人生再沒什麼過不去

新・陽転思考——
前向きに生きるための
77の知恵

NPO法人
「日本政策新天地」
理事長
小田全宏——著

李麗真——譯

中文版序

《陽轉思考》台灣版出版之際

首先，感到非常榮幸，我的主要著作之一《陽轉思考》一書要在台灣出版了。

「陽轉思考」，可以說是一個跨越國界、年齡、性別、社會地位……等等，對所有人而言，非常重要的思考方式。它在台灣會獲得怎樣的評價？其實是很讓人期待的。

長久以來，台灣和日本之間有著多樣而深遠的繫絆，這是無庸置疑的。特別是二〇一一年，東日本大地震發生時，來自台灣的眾多物資及捐款，至今，我們依然不曾遺忘這份溫暖的情誼。

這三年來，我個人也因緣際會，承蒙台灣的大學、企業、各團體的邀約，有機會來到台灣、認識台灣、和許多優秀人材結緣。讓我想要更加深入台灣、探究台灣，並且努力加深台日之間的交流與了解。

適逢本書出版之際，如果因為本書，可以對促進今後台日之間更進一步的理解、交流有些許貢獻，該是多麼令人開心的一件事啊！

最後，特別感謝百忙之中，協助這次台灣出版的友人馬岡孝行先生與譯者李麗真小姐。同時，也再次由衷謝謝台灣、日本雙方所有和這次出版的相關人士，謝謝各位的大力支持與幫助。

期望今後有機會可以和各位讀者見面。

二〇一七年六月一日
小田全宏

序言

這個時代不可或缺的「陽轉思考」

人類為追求幸福而生。

但人生真的很不公平，有人生而健康；有人生而體弱。有人生而「富裕」；有人生而「貧窮」。從這些角度來看，人類絕非生而平等。

然而，人生有某種程度的公平也是不爭的事實。

那就是：「人生是由自身的意念所創造的」。既然如此，只要認真學會可活用自己人生的思考方式，其人生自然就會開拓發展；反之，如果封閉了思考方式，便會扼殺自身的可能性。

當下全日本有無數的人，對自己的人生感到悲觀和痛苦。

三萬兩千一百四十三人，這是二〇〇二年日本的自殺人數。假設每年大約有八千三百人死於交通意外，那就表示每年有多達接近四倍的人，在絕望的深淵中呻吟並且自我了斷。

的確，日本目前景氣低迷。但實際上街頭充滿了各種物資，我們也活在飽食終日的時代中。在這樣的生活下，我們感到迷惘，並且在內心的黑暗中徬徨。

也有很多人會到我的研究所求助。其中有人的確看起來似乎徹底走投無路了。但絕大部分的人，我認為他只是在心中封閉了自己的道路。這些人只要在內心做些許的改變，人生就會有驚人的變化。

這十七年來，我以教育企業人才為主，致力於培育人材。一路走來，我努力不懈地主張的，就是「陽轉思考」。一言以蔽之，就是「坦率接受人生中所發生的各種變故，抱持感謝的心並竭盡全力而活下去」。

一九九四年，我將此想法集結成《陽轉思考》（Nippon Consultants Group 出版）一書出版，當年我所提倡的內容到今天已更加獲得印證。決心將「陽轉思考」奉為人生燈塔者，看世界的方式將會大幅改變，並將親自體驗到，之後的人生中所發生的各種事物，都會很奇妙地與幸運相連接。重要的是，我自己本身，也因為每天不斷地意識到這個思考方式，然後親身體驗到深度的心靈平安，以及自己所描繪的夢想與志向，都毫無窒礙地逐漸化為現實。

實際上每天的生活中，都會出現各種障礙或困難。但在心中這些不會成為阻撓事物前進的障礙。不如說，當有障礙出現時，透過「陽轉思考」的濾網仔細檢視其意義，肯定會有重要的覺醒，當困難被克服時，自己就會更上一層樓。

我們需要的是可成為「生存動力」的思想。有段時期，學生們會埋頭研讀笛卡爾、康德和叔本華等人所著作的哲學書。思索的越深入，就會越加深人生的深度是不爭的事實。

但用大腦思考的思索方式，最終會剝奪人類真正的生存動力。真正「有力量的思想」是會在「此時此刻」給予我們做出選擇的勇氣，並鼓舞我們的心靈；否則就毫無意義可言。從此觀點來看，我無法估算「陽轉思考」究竟拯救過我多少次，並給予我多大的勇氣。

我認為思想並非聽一次就能明白。如果是九九乘法，只要背一次恐怕一輩子都不會忘記。然而「陽轉思考」並非如此。即便知道內容，若不隨時去意識它，思考也會因此生鏽。

「難得聽到很棒的演講時，當下覺得『想要嘗試』，但短短一個星期的時間，馬上就忘得一乾二淨。」這種狀況很常見，也告訴了我們兩件事：第一，至少「話語」會讓我們的煩惱消散或幹勁湧現。第二，不管想法有多棒，放著不管，一樣也會隨著時間而瞬間消逝。

由此看來，便能明白聽到會讓我們湧現勇氣的演講、閱讀能滋潤心靈的好書，對我們的人生有多麼重要啊！同時持續意識到好的思考，心靈就會成長得更為強健。

本書的內容有系列地整理了重要的提示，協助讀者將「陽轉思考」變成自己的一部分。每個段落都有關聯，每句話都可能使你的心靈覺醒，而且話語並無優劣的差別。但我相信能開拓你人生的重要提示，肯定會在必要的時間點出現。這裡寫的內容不用完全記住。在日常生活中，想到時回來翻閱一下，肯定會讓你心中得到某種訊息。希望你能在心中培育「陽轉思考」的種子。

據說，曹洞宗的開山師祖道元禪師，會不厭其煩地闡述同一個道理。因為實在說過太多次了，弟子常會感到無趣地說：「師父又再講同樣的話了。」一面對露出自傲表情回答：「我都知道了。」的弟子們，禪師會平靜地如此說道：「聖賢之言，可反覆聽之。」

我們自覺「知道了！」的那一剎那，就會讓我們陷入迷惘。唯獨在其中認真注視捕捉，才能碰觸到領悟的一角。倘若思想會給人力量是真理，那人會給予思想力量也是事實。我本身在數十年前，將自己感受到的事物具體化為「陽轉思考」後，我感覺到它在經年累月後，逐漸根深蒂固，成長茁壯。當然其根本沒有絲毫的改變，但它時常會改變形體支撐著我的人生。正如裝在杯中的水連結到大海般，「陽轉思考」擁有不論如何挖掘，都用之不竭的力量，能替你帶來未知的發現。

本書可說是前著作一九九四年版《陽轉思考》的序篇，但兩者並非截然不同。真要比喻的話，讀者可以當作原本是小嬰兒的《陽轉思考》，現在已經成長到十歲了吧。

苟日新，日日新。若本書能成為你人生運氣好轉的原動力，身為作者的我將會感到無上的喜悅。

小田全宏

目錄

第1章 陽轉力改變運氣

第2章 你的選擇就是最佳的道路

第3章 能煩惱的你也是一種奇蹟

第4章 成為十年後想成為的自己

第5章 從根本改變你的每日心得

第6章 為了活在當下並實現夢想

第7章 致活在幸福連鎖中的你

第 1 章

陽轉力
改變運氣

1 獲得幸福的終點就是「陽轉思考」

「為什麼你會想從事這樣的工作？」

常會有人這樣問我。我從事的是人類教育，但我並非在學校擔任教職，從我的經歷來看，或許能走更不同的人生道路。我不知道其他人怎麼看，但事到如今我覺得這份工作正是我的天職。

繼續往下寫之前，我想稍微介紹我自己的人生。

我出生於滋賀縣的彥根市。父親是上班族，母親是教師，是一個非常普通的家庭。我出生於一九五八年，當時已經沒有戰爭的創傷，但社會整體還是處於貧窮的時代。我長大後才知道，當時我家有債務，生活似乎相當困苦，但在記憶中我從未體驗過「飢餓」。童年時，我上的是基督新教的托兒所，「我們在天上的父……」每天大家都會一同禱告。

有一次，保育員問了我們一個問題：「大家知道為什麼會有人類嗎？」於是，一個男孩得意洋洋地回答說：「我知道，人類原本是從泥土中誕生。上帝捏土做成人類的形狀，然後用吸管之類的東西吹了一口氣，土偶就變成了人類。」我乍聽之下單純覺得「怎麼可能？」。但是，保育員卻面露微笑地說：「你懂真多呢！」並未加以否定。

「什麼！人類是從土中生出來的，然後由上帝賦予生命的嗎？」

現在想起來會覺得好笑，但因為我當時年幼，所以信以為真了。

每一個小孩似乎都會有一個契機，感受到人類智慧無法理解的存在，而我大概是因為托兒所的這段體驗，才會模糊地有所感吧！

這不是因為我比較特別，每個小孩似乎都會在某種機緣下，感受到超越自身存在的事物。但通常會因為日常的玩樂或學習，使得這樣的意識變得淡薄，最後直接遺忘。但我從小學三年級左右開始，「為何我會誕生在這個世界上？」、「自己出生前是什麼模樣？」、「自己死後會變成什麼樣子？」等諸如此類的哲學議題，就一直在我的腦中打轉。

之後，雖然我升上了當地的國中和高中，但是一度決定上大學後要攻讀印度哲學。因為我總覺得印度是個神祕國度，似乎能解決我心中的課題。但某天，一位大學進哲學系就讀的高中學長對我說：「你啊，如果讀哲學的話就會變得不懂人類喔。」他在高中時代非常會讀書，我也十分尊敬他，所以這番話讓我很驚訝。

他說：「把哲學當作哲學研究就會讓人走入迷宮中。像你這類型的人，攻讀能從現實觀察事物的法學或政治不是比較好嗎？」尊敬是一種恐怖的力量，所以我聽了也覺得有道理，然後不知不覺就進了法學系。

然而，我關心的自始至終都是人類學，大學的課也草草了事，遇到似乎能成為心靈糧食的書籍就會順手閱讀。當時我接觸到東洋學泰斗安岡正篤，以及中村天風的思想。我在大學也上過幾堂哲學的講座，但老實說，課程都是一些艱深的用語堆砌。這讓我發現，原來現實和我想要的發自內心的愉快學習有一段差距。當然西洋哲學當中，也有像愛默生一樣能鼓舞我心靈的思想，但其根基完全源自基督教，而我離開托兒所後，就過著與基督教無緣的生活，所以總覺得有些格格不入。

教育也是一樣。當時我想踏上教師之路，也上了幾堂教育學的課程，但內容也只是用字句解釋教育理論，這樣實在無法實踐可以打動人類靈魂的教育。後來我接觸到吉田松陰嚴格的實踐教育後，再次深深地感受到複雜理論的羅列有多麼空洞。

大學三年級後，大家會開始思考今後的出路。我也同樣思考著未來該踏上哪條道路？當時我正巧知道了松下政經塾。它是由被奉為日本經營之神的松下幸之助先生創立於茅崎的私人特別研究所，號召了「想拯救二十一世紀日本的年輕人」前來學習。

直到現在，我都還清楚記得第一次遇見松下先生的情景。當年八十八歲的松下先生身形嬌小，但兩眼卻炯炯有神，彷彿看透了我的內心深處。

政經塾中，有許多前來上課的人，都是以成為政治家為目標，但我摸索的則是人類教育之道。在那之前，我對松下幸之助的認知只有「經營之神」和「雙插孔插座」而已，但在入塾前，我試著實際研究松下先生的想法後，發覺其開拓的是一種活的思想，且不亞於與至今接觸的任何大學者。不僅如此，松下先生不單是思辯性地探求真理，還成就了一套結實的實踐體系，背後皆有實踐與現象佐證。

「引領松下幸之助成功的思想是什麼？」，這成了我自身最大的研究課題。

在此，我想快速地介紹一下松下先生的一生。

松下先生於一八九四年生於和歌山縣的和佐村，是家中八子中的么子，剛出生時家境不算貧困，但三歲時其父親開始接觸稻米投機買賣（類似現今的期貨交易），總之他的父親似乎想藉此大撈一筆，但卻事與願違，最後破產了，一家也墜入貧窮的深淵，松下先生的哥哥、姊姊也罹患肺結核相繼過世。在如此窮困的生活中，松下先生在九歲時被送去一家火盆店當學徒，但很遺憾的，那家店在三個月後就破產了。

之後，松下先生到五代自行車商會工作。在這間自行車店中，松下先生學會了做生意的基礎知識。

六年後，松下先生十五歲時出現了一個轉機。那一年，大阪首輛路面電車上路。「啊！今後是電的時代！」松下先生直覺到這一點後，坐立難安。不久他就離開了五代自行車商會，跑到大阪電燈（現在的關西電力）就職。工作內容是建築物的配線工程，認真的松下先生不停地往上爬，但想獨立創業的想法日益堅定。二十三歲時，他成立了松下電氣器具製作所。當時的成員只有二十三歲的松下先生、二十歲的梅之夫人和小舅子井植歲男共三人。

如果有機會到大阪門真，請務必順道去松下電氣歷史館，那裡的入口重現了松下先生三人草創時候的模樣，看了之後便會有：「這是如此簡樸的起點啊！」的感覺。

觀察松下先生的人生出發點，就會明白他絕非含著金湯匙出生。他年幼時家中破產，所以沒有錢，哥哥、姊姊也罹患了肺結核，在他二十歲時，除了一位姊姊之外，沒有任何家屬親戚可以依靠。另外他九歲就去當學徒，以學歷來說就是「小學肄業」。據說松下先生本人也罹患了肺結核，從此，半邊的肺失去了功能。

從前，我讀過松下先生的女兒幸子投稿雜誌的手記，內容提到「我記憶中的父親總是臥病在床。」這是指十月到三月的冬季，松下先生因為寒冷時常感冒，總是臥病在床。員工前來找松下社長商量的光景，肯定都留在幸子的心目中吧！由此可見，松下先生的身體也不健康。換句話說，對一般人而言，所謂的幸福關鍵是指：金錢、家人、學歷、健康，他一切皆無。那為何松下先生能獲取所謂人生的成功呢？其祕訣正是他領悟到的人類學。

我以松下先生所領悟到的人類學為基礎，一路探求是何種思想引領人類獲得幸福？最後我追尋到的終點就是「陽轉思考」。跟隨各種宗教的教誨往前走，都會抵達「陽轉思考」的概念。我認為這是維持人類存在的基礎思考，而不單只是「船到橋頭自然直」的豁達，或隱藏自身負面情緒的偽正面思考。

就像洋蔥不管怎麼剝皮也不會抵達核心一樣，再怎麼探究「陽轉思考」，只會無止境地看見各種不同的樣貌。

我埋首於行動科學的研究和訓練，數次見證到：當人類敞開心胸時，會湧現多大的能量，同時，會對環境造成何種改變！在這之中，我以「陽轉思考」為基礎，同時開發了各種面相的人類教育課程，持續進行著實驗。

我成立人類教育的公司是在二十七歲時，當時內心十分緊張，因為來聽我課的人，幾乎都比我年長。但有力量的思想會催生明確的結果。負面會轉為正面，誘發更強而有力的活動。在此層面上，我構想和思索的事物，逐漸成為許多人自我探求後的成果。「陽轉思考」的入口非常淺顯易懂，但卻相當深奧，所以才有趣！

本書會將「陽轉思考」以帶有無數色彩的發光體形態，傳達給各位讀者。能打動你心靈的部分，就是你的「陽轉思考」真正發揮作用的領域。即使只有一處都好，本書就會為你帶來莫大的福音。但此共鳴部分會隨時間逐漸改變。屆時，「陽轉思考」又會帶著不同的光輝激勵你！至少在我心中，它現在也正無限地成長著！

2 只有半杯水，還是還有半杯水

在談「陽轉思考」時，我會先指著裝有「半杯水」的杯子問對方：

「這個杯子剛好有半杯水。你看起來是『還有半杯水』，還是『只有半杯水』呢？」

以量具測量，兩者的量是相同的，但「還有半杯水」的看法正是「陽轉思考」。換句話說，同樣看一個杯子內的水，會覺得還有半杯的人，是看到杯中水本身；會覺得只有一半的人，則是看到水上方的空間。覺得還有半杯的人，心中會充滿希望、可能性和感謝。而覺得只有半杯的人，心中則大多失望、嫉妒和憤怒。科學上相同數量的 H_2O，其作用也會因心態而改變。

這點除了水之外，還能套用在其他地方。我們對某件事物感到不滿或失望的話，這就是「只有一半」的念頭。反之若抱持「感謝或希望」，抑或聚焦可能性的心態，那就是「還有一半」的念頭。

我們總會在心中抱怨。

抱怨「沒錢」、「沒時間」、「沒能力」、「不得寵」、「不受尊敬」等等，這樣的念頭會讓我們的能力枯萎。

換句話說，就算現在手邊沒錢，也應該要抱持「我得到的金錢是目前自己所需的」，而不是一直嚷嚷「不夠、不夠」。要看「只有一千元」，還是「還有一千元」。同樣是一千元，會因為心態而產生完全不同的效應。

更進一步拓展只有一半和還有一半的念頭，便會邁入認識自我存在的領域。要覺得「就憑我這樣」還是「只有我才行」，這將會成為命運的分歧點。

據說佛陀呱呱落地後，隨即起身走了幾步說：「天上天下唯我獨尊」。許多人誤以為這句話是「全世界沒人比自己偉大」的意思，但其實真正的意思是「自己是這個世界上獨一無二的存在，此唯一性十分寶貴」。

只要下定決心將自己心中「只有一半」的念頭，轉換成「還有一半」，便會覺醒到自己應有盡有，人生早已如此美好。我想將此處當作「陽轉思考」的出發點和終點。

「不論人生有多麼痛苦，沒有比誕生在這個世界上更寶貴的事情了。」（森信山《一日一語》、實踐人之家刊物《不盡經典》）。

3 運氣法則

常會聽到有人說「運氣好」或「運氣不好」。中了樂透，是運氣好；在積雪的路上跌倒是運氣不好。生在有錢人家是運氣好；生在貧窮人家是運氣不好。我們常會把運氣當作是一種發生的現象。但「陽轉思考」上，不會這樣解釋運氣。

這邊介紹一個故事。

有一次，我在某間不動產公司替有工作經驗的新進員工上課，約有二十人參加。因為是有過工作經驗，所以年齡層大約三十歲到五十歲，其中，有人直言不諱地說：「沒人比我運氣更糟的了！」

他之前曾經在五間公司服務過，但其中三間破產，剩下兩間則是和公司老闆吵架而被開除。接著他找了許多工作，但卻不太順遂，最後才會來到這間公司。因為有這樣的前因，所以賣房子對他來說並不容易。在公司他會不斷地說：「自己運氣不好！運氣不好！」，覺得自己應該很快就會失去這份工作，所以他算是一個不好相處的人。確實以一般眼光來看，他不能算是「運氣好」。但我這麼問他：

「你的運氣確實說不上是好的呢！話說回來，我想問你一個問題，你有家人嗎？」

聽到我的問題，他露出驚訝的表情回答說：「有，我有妻子和兩個女兒。」

我又進一步問：「你出生到現在，接近五十年的歲月中，有過好幾天沒飯吃，只靠喝水過活的日子嗎？」

他再次回答：「沒有。」

「那有過沒錢買衣服而挨餓受凍的經驗嗎？」

「沒有。」

「那有流離失所，住在天橋底下過嗎？」

「沒有。」

「那在一個星期內，你會和家人吃幾次晚餐？」

「這個嘛，大概三、四次左右吧。」

於是我這麼回答：「這樣啊，你說自己運氣很不好，不過這五十年來，你有地方住，有衣服穿，沒有挨餓過，而且還能跟家人一起吃晚餐。這不就是你運氣很好的證據嗎？」

對於我口中說出的「你運氣很好」這句話，他露出了驚訝的表情。他至今一直相信自己運氣不好，突然聽到完全相反的回答，似乎頓時無法理解的樣子。但是，他從隔天開始變得判若兩人，工作態度有了一百八十度的改變。而有趣的是，在那之前，連一間都賣不掉的房子，都開始一間一間銷售出去了。

那是理所當然的吧。自己覺得自己「運氣不好」的話，就會傳染給客戶。

就算介紹客戶難得一見的好物件，客戶也會下意識拒絕。但如果覺得自己「運氣好」，跟他人說話也會充滿自信，也會希望對方得到幸福。這樣一來可就好極了。後來他的業績蒸蒸日上，半年後的業務表揚大會中，居然獲得了優秀獎。發表得獎感言時，在感謝公司夥伴的同時，他也介紹了自己開拓運氣的體驗。

這個故事如何呢？透過這段故事，我想和大家分享的是：「運氣」並非「由外界決定」，透過斷定自己「運氣很好」，「運氣」自然就會變好。當你存款只有一千日圓時，就算你說「我是有錢人」，雖然，你在內心深處還是很清楚事實並非如此。不過，你可以無時無刻都認為自己「運氣很好」。

如果你相信自己「運氣很好」那是最好的。但萬一你覺得自己「運氣不好」，或懷疑自己「真的運氣很好嗎？」時，我想告訴你，運氣這種東西會跑到斷定自己「運氣很好」的人身上。

總而言之，請隨時隨地對著自己說：「我的運氣很好！」奇妙的是，就算現象沒有任何改變，你還是會明白自己真的運氣很好！

4 累積小的成功體驗

仔細觀察人的內心，便會察覺到，「自己運氣不好」的想法會在人生的某個階段出現。

不用想也知道，肯定不會有小嬰兒一出生就覺得自己「運氣不好」。人心是在不知不覺中萌生了運氣不好的意識。多數情況下，會出現在自身願望無法實現的情況時；特別是自己拚命想實現的事情受挫時的經驗，是主要的誘因。讓人不自覺的產生自己做什麼都不會成功的負面觀念。

其實「自己運氣不好」這個觀念，會引起負面的結晶作用。換句話說，一旦相信自己運氣不好，發生在日常生活的事物中，唯獨負面情緒會強烈反應在心靈上。

如此就會像雪崩一樣把自己逼入困境，這樣的狀況到達極限後，甚至會讓人想自殺。

為了避免這種狀況，誠如前面所提到的，逆轉自身命運觀點的同時，還必須給予運氣養分。其方法就是累積小的成功體驗。

聽到成功體驗一詞，可能立刻會有人在心中嘀咕「成功跟我無緣」。但在這裡所提到的成功體驗是更貼近我們的事物。例如明天想要「早上七點起床」，然後真的照時間起床時，你可以小聲說「我成功在七點起床了，不簡單啊」。

別說「有沒有那麼誇張？」，這是很重要的事情。心想「來打掃十分鐘吧！」，然後真的打掃十分鐘。接著便誇獎自己「喔！做得好，真的掃了十分鐘」。此時，不要自卑認為「唉，還要繼續打掃才行，還是很髒亂」，而是在內心把確實掃了十分鐘當作是一種成功。如此一來，便會注意到一整天充滿了無數次的成功！

累積小成功會為你帶來自信。從簡單的事情開始逐漸往上提升，一旦「自己能成功」這套循環完成了，就會產生結晶作用，轉動自己的成功機制。絕對不要勉強自己，請在今天找尋成功吧！

啊，對了，你剛剛打算看本書第四節的「累積小的成功體驗」，現在已經快要看完了，這也是一種成功呢！

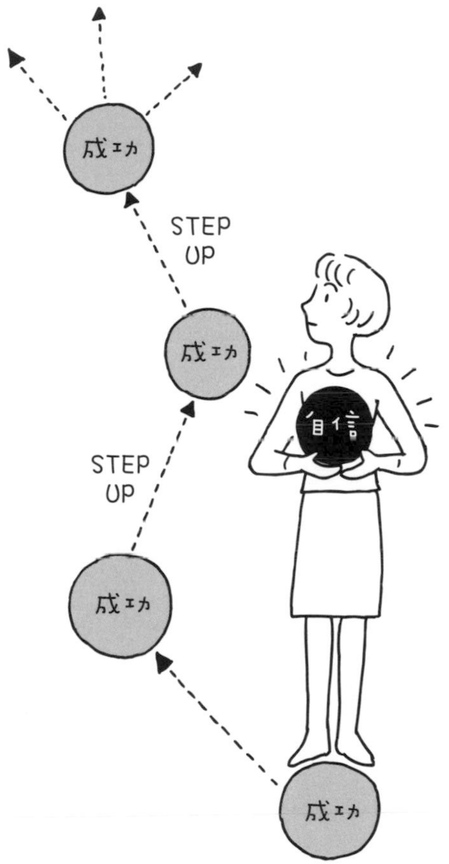
成功
STEP
UP
成功
自信
STEP
UP
成功
成功

5 擺脱心靈創傷靠的是「原諒」

每個人都會有內心受傷的時候。內心嚴重受傷時，這個體驗會強烈束縛這個人今後的人生，這種狀態稱為「心靈創傷」。

過去由原田美枝子主演而成為話題的電影《乞愛之人》，當中將虐待兒童的相關內心糾葛，描繪得淋漓盡致，活在現今社會的人類，內心會逐漸生病。雙親虐待兒子，丈夫虐待妻子或妻子虐待丈夫（最近似乎很常發生），這些舉動會造成心靈創傷是很正常的。

但我參與人類教育之際，察覺到心靈創傷不是特定人士的專利，其實所有人都有這類的問題。而大多數是在人際關係中產生的。

阪神大地震的受災孩童當中，現在還有不少人為心靈創傷所苦，懼怕黑夜、擔心又會發生地震。但絕大多數的心靈創傷都是源自他人，而且大多數以客觀角度來看，都是一些小事情。但那些小事情會長年棲息在一個人的心中，然後發酵。有時你會有自覺，有時則無。如果你想到某件事情覺得厭惡、生氣或自卑的話，那肯定就是心靈創傷。

我在某托兒所進行保育員的研修時，有過這樣一段插曲。

我請學員探求「妳對什麼感到自卑？」後，一名保育員說：「我不得不在大家面前講話時，就會滿臉通紅地說不出話。」

我問：「那是從什麼時候開始的？」

「這麼說我也不知道，是從很久以前。」她回答說。

但我又再次追問：「什麼時候開始的？」

她歪頭想了一下，「啊！這麼說來……」接著開始娓娓道來。

「其實在小學二年級時，我創作了一個關於人權問題的標語，後來得到了市政府的獎項。校長在全校學生面前發表了這件事，那時候我覺得很光榮，但之後校長說『○○同學，恭喜妳獲獎，請告訴大家妳現在的心情吧。』因為事發突然，所以我嚇了一跳，在全校學生的掌聲中，我整個人呆立在那裡。我忘不了當時大家訝異的表情。從那個時候開始，我就無法在眾人面前說話。」

換句話說二十五歲的她，心靈是被八歲時的自己給束縛了。

我對她這麼說：「妳要無條件原諒當時請妳發表感想的校長、用疑惑表情看著妳的同學，還有最重要的，就是原諒當時呆站在那裡的自己。」這個「無條件原諒」很重要。

「無條件原諒是什麼意思呢？」

「因為當時發生在妳身上的事情沒人有錯，只是，妳一直抓著那件事情不放，這樣會痛苦的只有妳自己。」

「那無條件原諒之後，我怯場的毛病會改善嗎？」

答案只有一個。「不會，怯場不會改善。妳的心臟大概會跟至今一樣狂跳，然後滿臉通紅。指尖也會跟過去一樣顫抖吧。」

「那不就沒用嗎？」

「不，怯場或許不會改善，但光是原諒就能讓妳在大家面前說話。因為只要確實做好準備，就算再怯場也能把自己的意圖傳達給對方。」

研修期間中，她在大家面前有三次發表的機會。起初她怕得發抖，但依舊能傳達自己的想法。到了第三次，我不經意地發現她指尖的顫抖完全停止了。

又有一次，我在IT相關的公司進行訓練，學員中有一名系統工程師說：「自己常常擔心會被人背叛，所以無法向他人敞開心胸。」仔細詢問後得知，是因為在國中時，他聽很多人說自己非常要好的一位朋友，跑去向其他朋友說自己的壞話，這讓他深受打擊，覺得「明明感情那麼好，居然私底下說我壞話」而無法原諒對方，在那之後，他當然開始不信任那名朋友，自己也不再對他人敞開心胸。

「你能無條件原諒私底下說你壞話的朋友嗎？」我這麼問完，他回答：「不能，因為他做了那麼過分的事情，要我怎麼原諒他，我絕對沒辦法原諒。」

我又問了一個問題：「那你朋友知道你這麼受傷，至今都無法原諒他嗎？」

他回答：「我想他不知道。」

「也就是說，因為你的不原諒而痛苦的人，不是別人，指的就是你自己呢！」

這時，他恍然大悟了。

「如果你打算有一天要把自己的憤怒發洩到他身上，那麼要氣他也行。但如果你沒打算找到那位朋友把自己的感受告訴他的話，那你差不多可以原諒他了吧？他當時大概沒有太大的惡意，而且這個世界上有無數真正值得信賴的人。如果你的內心用懷疑的眼光觀看他人，絕對無法建構真正的信賴關係啊！」

「說的也是，仔細想想，這樣痛苦的只有自己呢。也就是說，這二十年來我自己在唱獨腳戲嗎？我知道了，就這樣原諒他吧！」

其實就算開口說原諒，無法寬恕的心情依舊會留在意識的某處。但透過主動宣告「原諒」，肯定能讓他開始擺脫過去的束縛。

無數次體驗這樣的事情，就會注意到不原諒他人自己會多麼痛苦。假如你過去受到非常過分的對待或遭受過背叛，而無法忘記那股仇恨；決定復仇的話，那我不會阻止你。但假如你沒有任何行動，只是在內心燃燒怒火，氣憤對方的所作所為的話，那股火焰燒盡的對象其實不是別人，而是你自己。

並非只有被人毆打這類暴力行為會傷害人類的心靈。他人眼中的一些小事情，更是會傷害人心。當你明確宣告，願意「原諒」曾經用小刀刺傷你心靈的人之後，其實就等於「原諒你自己」！

6 絕對性地原諒自己

我想在感情上，大家都可以充分理解原諒他人這件事。但原諒自己又是怎麼一回事呢？

我幫許多人做過心理諮詢，意識到許多人活著，卻一直無法原諒自己。

的確，我們人是不完美的存在，而且大家都犯過無數的錯誤。這段過程中，傷害到其他人的狀況也不少吧？心靈的束縛會緊緊地勒住那樣的自己。會做出家暴等荒唐行為的孩子，正是因為他無法原諒自己，而且非常厭惡自己。所以父母親再怎麼討孩子歡心，對他百依百順，還是解決不了任何問題。無法原諒這個世界上獨一無二的「自己」，實在叫人心酸。

又有時候，會想起過去自己做出的愚蠢行為，頓時覺得羞愧地想找個地洞鑽，或是感覺自己沒出息。

「為什麼那時候會犯下那樣的錯誤呢？我真是個笨蛋！」、「那時不經大腦的一句話，傷害了重要的朋友。真的很抱歉，但是已經無法挽回了啊！」

「陽轉思考」會讓我們誠實地面對所有的過去，並且接受當時的失敗，然後放眼未來。

如果你跟某人之間心裡有疙瘩，應該試著鼓起勇氣向對方道歉，說「那個時候很抱歉！我真心覺得對不起」。此時，通常會得到「那種小事我完全不在意啊！不用放在心上」之類的回答。即便那時對方的反應讓你感到不愉快，但是，你道歉的這個行為，肯定能讓你獲得解脫。

不論是何種失敗，不論有多麼丟臉，抑或是深深傷害到他人，假如你眼前沒有對象能傳達自己的心情時，應該「絕對性地原諒」當時愚蠢的自己。

然後告訴自己：「忠於自己最好」，心靈自然就會撥雲見日。只有自己才能真正原諒自己。即便你在心中無法原諒自己，也請試著馬上、無條件、立刻地原諒自己。光是這樣，你就會有瞬間解放內心的枷鎖的感覺！

7 理解負面詞彙的壞影響

語言是一種能量。你有過這樣的經驗嗎？假設你和某人約好卻爽約了，之後你騙對方說「抱歉我有點感冒」，結果自己就真的感冒了。

這稱為自我實現性預言。《聖經》上也說過：「太初有道。」（In the beginning was the Word.）據說上帝說「要有光」就有光，後來宇宙就誕生了。這是基督教的故事，現實的宇宙創世又更不一樣了，但這件事情告訴了我們一個真相。那就是語言本身會創造出現象。所以老是說「沒辦法、沒辦法」的人，最後真的會一事無成。

抱怨或道人長短是最具代表性的。有時在下班後，我們會到居酒屋喝一杯，然後一邊喝一邊貶低上司發洩怨氣，藉此排解壓力，如果是這樣並沒必要刻意禁止。但如果你整天都在抱怨或說別人的壞話，那肯定會讓自己的運氣變差。

我認識一個人，常一開口就是說人壞話，開口閉口有一半會是別人的壞話，讓人吃不消。不久之後，沒有人願意親近他。後來他換了許多公司，不管到哪都不順利，現在完全失聯，不知道在哪裡做什麼。

還有這樣的人，在做某件事情時，總會嘀咕說「這件事肯定不會順利」。然後事情真的進行得不順利時，他就會像莫名領悟到什麼一樣說「你看，我就說吧！」這種人也會惹人厭。

對任何事情都信口開河說：「那樣很好啊、很好啊！」的應聲蟲也很傷腦筋，但負面詞彙造成的傷害更大。請不要讓自己說出負面詞彙。人一不留意，就會不經意地說出口。

「做不到」、「不順利」、「徒勞」、「不可能」、「無聊」、「是他不好」、「世界上都是討厭的事情」、「自己被人討厭」、「做什麼都不順利」……

寫到這，我的心情越來越糟了。負面詞彙是人生的毒瘤。希望大家能彼此留意。

8 「平凡的一天」與「特別的一天」

「陽轉思考」的研習中，有時會有這樣的單元：「你昨天度過怎麼樣的一天？請兩人一組試著告訴對方。」

這麼一來，學員大致會用這樣的表現來描繪一天：「昨天早上七點起床，八點半到公司，整理資料後跟客戶開會。因為有一個問題不好解決，所以很累。然後吃過午餐回到公司。下午有會議，之後又到新的客戶那裡去跑業務，然後回公司整理資料，八點左右回到家，洗澡吃晚餐，然後看一下書就睡覺了。應該是相當普通平凡的一天吧！」

但這一天當中，如果有發生一點點讓自己感覺「很好」的事情時，只要試著把它說出來，這就會變成截然不同的一天。

「昨天我七點起床，窗戶傳來鳥叫聲，是相當清新的早晨。上午八點半，我到公司，整理了懸而未決的資料後，終於鬆了口氣。跟客戶開會的時候，跟對方之間有許多的誤解，但是我設法讓對方也聽聽我的想法，似乎找到了解決的契機。中午在客戶公司附近，剛好有一家我最喜歡的拉麵店，所以我吃了一碗豚骨拉麵。光是一碗拉麵就讓人很幸福呢！然後參加公司的會議，雖然我沒怎麼發言，但聽了股長說的話之後，讓我在著手的新事業上有許多新的發現。後來我出去跑業務，三件案子中有一件之後有機會成交，打擊率是三成三分三釐，跟鈴木一朗一樣呢！接著我回家泡了一個舒服的熱水澡。果然還是家裡的浴室最棒。然後我和家人一起吃晚餐。妻子為我做的咖哩相當美味可口。對了，當時女兒還告訴我在學校發生的許多事情，現在她似乎迷上了單輪車。睡前我讀了自己最喜歡的推理小說，後來欲罷不能，一邊擔心著會影響隔天的工作，同時卻又帶著興奮的情緒睡著了。昨天對我來說真是美好又特別的一天。」

對我們來說，特別的一天是什麼日子呢？

我們無法回到過去，將已流逝的那一天變成特別的日子。但當我們覺得那天是特別的一天，它就會變成特別的日子。假設人生是由一天一天累積而成的，那無聊的一天累積起來，就會變成無聊的一生吧！但如果每天都是特別的一天，這一生就會變成寶貴的特別人生！

那麼，你昨天度過了什麼樣的「特別的一天」呢？而今天，你又打算如何度過怎樣的「特別的一天」呢？

9

正面思考的陷阱

曾經有位女性跑來找我諮詢。

「我的個性本來就比較消極悲觀，所以常會看有關正面思考或積極思考的書。不過看了那一類的書之後，我的心情會變得更憂鬱。」

一般讀正面思考的書籍，心情會變得積極或覺得被療癒。「為什麼呢？」於是我這麼問，聽了她的回答後，我覺得很有道理。

「看正面思考的書籍，上面都會寫不能負面思考。前陣子我讀的書裡頭說：『因為想負面的事情才會出現負面的現象，所以要實踐你的夢想，就必須發自內心相信你可以。你絕對不能去想自己可能會失敗。』所以我也拚命想要正面思考。但不管如何都會有『會不會失敗呢？』的負面念頭。這讓我覺得自己很糟糕，反而更加沮喪了。我真的是一個沒用的人嗎？」她沮喪地說。

她點出了人類意識中一種非常重要的機制：我們越覺得「不可以想、不可以想」，反而那件事情就越離不開大腦。

佛教的教誨中，有一則有趣的故事。

有一位年輕人，到中國某位高僧的門下修行。

他說：「我想要領悟自己應該做什麼才好？但是，如果修行時間太長也會覺得很累，可以的話，請告訴我簡單開悟的方法吧！我會很開心的。」

這句話相當滑頭，但高僧卻做出了回答：「呵呵呵，年輕人，想要開悟，很簡單！你不用到明天就能頓悟。我有一個方法，你想聽嗎？」

年輕人聽到這句話喜出望外。他說：「請教我吧！拜託你。」

「年輕人啊，那你到明天為止都不要去想『猴子』，這樣明天早上你就會開悟了。」

「咦！到明天為止都不要想『猴子』就能頓悟嗎？那很簡單。我一定會頓悟的，包在我身上！」說完，年輕人欣喜雀躍地跑出了寺廟。

隔天，年輕人又跑來寺廟，但眼睛下方掛著黑眼圈，而且意志消沉。

「年輕人，你怎麼了？」高僧問。年輕人說，在昨晚睡覺之前，他想讓自己不要去想「猴子」，但腦中卻出現了無數的猴子交錯跳躍，一直到早上都睡不著。

換句話說，人類越是想壓抑某件事，被壓抑的東西就會在意識中強烈爆發。

所以說，越是想要正面思考，負面的情緒就會越來越明顯，這是理所當然的。但這世上哪裡有沒半點負面情緒，只靠正面思考活著的人呢？說到松下幸之助先生，大家會以為他是正面思考的代表人物，但實際上，他非常愛操心，據說晚上就寢後，他會因為擔心的事情在腦中盤繞而睡不著。換句話說，即使是松下先生，他也是抱著許多的煩惱在活著。

簡單來說，我想告訴大家的是當我們在進行某件事時，就算湧現「萬一失敗了怎麼辦？」的念頭也完全不是問題。我自己在籌辦各種專案時，也常會擔心事情是否會順利。但是，就算自己擔心，只要心中確實認知到這一點，那就不會有問題。以我自身經驗來說，這點絕對不會錯。換句話說，不用擔心自己愛操心。認為「擔心的話，就會成真而失敗」其實是不好的想法。

當然，如果能毫不擔心、迅速做好工作，而且活得快樂，那就不會有問題。但

實際上，就是會發生各種問題。屆時如果有人能毫不擔心，斷言自己和失敗無緣的話，那他不是神明，就是不負責任的人吧！

當你被錯誤的正面思考束縛，替自己印上了無用之人的烙印時，請轉換思考的方式。真正的正面思考必須承認其中包含了負面的想法，除此之外，別無他法。能如實地注視負面的部分時，才算是抵達真正的「陽轉思考」！

如果有人煩惱自己心中的負面想法，請試著去想那樣的自己也很好。就算會擔心，等到反覆行動後，就會發現那份擔心忽然消失得無影無蹤。

10

別被他人說出口的負面詞彙束縛

因為過去某人的過分對待，而有心靈創傷時，可透過「原諒」來解放心靈的枷鎖，這點上一節已經提過。然而此刻，如果有某人對你說了負面的話語，你該怎麼辦才好呢？

「你是白癡啊」、「你不會做事」、「你的人生應該會很無趣」、「全天下你最沒出息」等，聽到這些話會讓人鬱悶。

除此之外，「占卜」之類的內容也會影響心情。早上的電視節目常有「你今天的運勢」等單元。「你今天的幸運色是紅色！」如果是這樣的內容還不算壞事，但常會聽見某些不正派的宗教會恐嚇說「你被惡靈附身，不趕快除靈就會不幸……」等藉此敲詐你，還有不少人會深信未來已經有定數，而對人生感到悲觀。

我也研究過各種占星術或占卜，發現不論是手相、面相、氣學、八字命理或姓名學等，都有一定的準確率，或許也有值得參考的部分。但如果過於拘泥，反而會毀了自己的人生。

某次，我在一個經營人的聚會上演講完後，一名五十歲左右的女性跑了過來。聊過之後得知，前陣子她的家人事事不順利而鬱悶不樂時，經朋友介紹認識了一名靈能力者。對方說「妳的祖先正在靈界受苦，如果不捐款給他，女兒就會走霉運」。女性抱著抓住救命稻草的心情，每次都捐了一筆錢，幾次下來捐款累積了好幾百萬日幣。「想到今後的事情我就擔心，真的很煩惱。我今後該怎麼辦？能給我建議嗎？」她說。

稍有常識的人看來會覺得：「居然蠢到被那種詐欺騙到！」但拘泥於這類負面詞彙，而陷入嚴重事態的人不在少數。因為負面詞彙或占卜等訊息，意外能左右人心，有無數人會被趁虛而入，束縛住自己的人生。以「陽轉思考」來說，會把負面事物當作參考讓人生變得更好，但會努力不受限其中。遑論是用捐款多寡來決定是否會不幸等，不管有任何理由，都只能說是詐欺。

我對那名女性說：「那種占卜師最好跟他斷絕往來。總而言之，不用說明理由趕快疏遠他吧！就算妳疏遠他，妳也絕對不會因此走霉運的。」那名女性反問了好幾次：「真的不要緊嗎？」後，說「我知道了，謝謝你」，然後露出些許開朗的表情回家了。

萬一你現在從他人口中聽到某些負面的訊息，請在心中斷言「沒那回事」。絕對不要隨著他人自私的壞念頭起舞。

第 2 章

你的選擇就是最佳的道路

11 停止與他人比較

人類有各種痛苦，但仔細觀察會發現，「拿自己和他人比較」會產生各種痛苦。人類心理學家亞伯拉罕・馬斯洛（Abraham Maslow）提出著名的需求層次理論中，第四個需求提到了「尊重需要」。換句話說，人類有無止境地想獲得他人認同的需求。到第四階段前的需要，有生理需要、安全需要和社交需要，這些是動物皆有的基本需求。因此這第四階段的需求，要說是人類的原始需求也不為過。

過去哲學家三木清老師曾留下一句耐人尋味的話：「健全的虛榮心使人成長。」換句話說，俗話說的「死要面子」這種心理作用，在某種層面上，對人類而言是必要的呢！確實，如果對穿著乞丐裝、到垃圾桶翻廚餘・事不會感到任何抗拒的話，那以人類來說，你應該是有一點問題吧？我們人類有些部分是為了想獲得他人的尊重，所以才會努力的。

但這股「想得到他人尊重」的需求，或「想贏過他人」、「想被他人稱讚」等等的需求，主要是想讓他人意識到自己的存在。換句話說，必須得到他人的稱讚才會覺得滿足，主導權會放在他人身上。而為了得到他人的稱讚，就必須和某人比較。這麼一來，就會十分在意自己和他人之間是在何種位置。

仔細想想，幾乎沒人能如自己所願的接受到他人的讚美吧？所以自己會安慰自己：「活著就是這麼一回事」。

但不知道為什麼，人類意識中有一種麻煩的心理作用，會覺得自己身邊的人受到「不正當的稱讚」。也就是「那個人明明沒實力卻這麼順利，太不服氣了！」的心理。

俗話說，外國的月亮比較圓，不知為何，當我們看到別人的人生一帆風順，就會覺得自己被遺棄了。我透過人類教育深深感受到，拿自己與他人比較所產生的「羨慕」或「嫉妒」，是讓許多人受苦的原因。他人站在自己原本應該站的位置上，沒有比這更讓人氣憤的。

與他人比較而產生的羨慕或嫉妒，可怕的地方在於會讓自己毀滅。因此，我想介紹一些方法，教導大家如何處理盤據在心頭的羨慕或嫉妒。

首先，第一個方法很理所當然，就是覺得：「我是我，別人是別人」。奇妙的是，這麼一想的瞬間，就能解放自己的心靈。

第二，人生在世，不管有多少錢、多少地位或名譽並不會有太大的差別。因為每個人都會壽終回歸塵土。即便他有多大的名聲，都會立刻從大眾的記憶中消失。可見，在這個世界上，即使稍微贏過他人，根本沒有任何意義。

第三，你所羨慕的對象，其實他本身也有許多的煩惱，而且超乎你的想像。我因為工作關係會替許多人做心理諮詢，其實那些在社會上大家覺得「他很厲害而且幸福」的人，其實他們的內心也有許多許多的煩惱。當你嫉妒心作祟時，在心中想這三點，就能讓自己舒服一點。「不想輸給他人」的確是一種動力，但那不是真正的動力，肯定會在某處消失無蹤的。

當你決定自己的人生永遠「不與他人比較」時，希望你能注意到自己會有何種心境上的轉變。你的內心應該會意外地如釋重負，同時感受到真正的幹勁泉湧而出！

12

為何總是在最後一步放棄？

你想做的事情有貫徹始終，做到最後嗎？當人有所期望時，應該會祈求願望最終能實現。但不可思議的是，世界上有些人好不容易開始著手，卻一定會在最後的最後失敗。

我幫某家電機廠商的員工上課時，有一名學員說了這麼一段話：

「我會給自己一個目標，然後拚命去做，但總是會在最後一刻放棄，應該是說，受到挫折！這樣說很奇怪，好像是快要成功時，我故意鬆懈一樣。我自己也想改善這樣的問題，該怎麼做才好？」

拚命去做，結果不行的話，那還可以體會，但他卻是在最後階段自己踩煞車，這就非常奇怪了。然而這和人類的深層心理有很深的關係。

稍微一問，得知他挫折的根源是在大學入學考試。他拚命讀書想考上一流學校，但很遺憾，失敗了，重考之後依舊名落孫山。結果他去了自己不太想上的大學。這件事讓他非常受傷。

「我已經這麼拚命去做了，結果還是不行嗎？」

這個衝擊讓他在無意識間，產生「自己的夢想不會實現」的想法。如此一來，當他希望某件事情能實現時，他會故意不使出全力，這樣就不會展現自己能力的極限。此時，他就會下意識對自己說出這樣的藉口：「如果我真的盡全力就會成功，但這次我稍微放鬆了，所以失敗了，絕對不是我能力不夠。」

如果你想做某件事時，總是在最後自己踩煞車的話，請懷疑自己是否有這種下意識的防衛心態。然後在心中大聲說：

「過去是過去，未來是未來，只要盡全力就會有結果。」

13

「紅路」與「藍路」的抉擇

假設在你眼前有兩條道路，「紅路」與「藍路」。而且你知道選「紅路」絕對會成功，走「藍路」注定會失敗，這時你會走哪一條路呢？大概百分之百會選擇走「紅路」吧？

但假設你眼前的「紅路」和「藍路」，終點是隱藏在森林當中，所以你並不知道走哪一條路才會成功。此時，你會走哪一條呢？「那當然是走看似會成功的那一條啊」，話雖如此，但你還是不知道哪一條會成功。

有人會這麼告訴你。

「不要走輕鬆的路，要選嚴峻的道路」、「選眾人會高興的道路」、「選擇動機為善的道路」、「選家人贊同的道路」、「選擇符合時代潮流的道路」。

你會以何者為基準挑選呢？

答案只有一個，那就是認為「你選擇的道路才是正確的道路」。換句話說，不管走「紅路」或「藍路」，當你做出選擇時，那條就是正確的道路。

聽我這麼說，或許會有人這麼責備我：「走紅路，搞不好就成功了，如果不小心走了藍路而失敗的話，豈不是糟糕了。」但這正是內心的迷惘。因為如果你走「紅路」，還一邊想著「搞不好藍路才正確」的話，心靈的能量就會不自覺減弱，結果如你所預測的，失敗了。

那麼，假設選了一條路盡全力往前進，最後卻失敗時，該怎麼辦呢？

屆時，你要把這一切當作是生命的食糧。如此一來，對你來說所有的失敗都不是失敗。因為拚命去做一件事，肯定會讓你學到某種東西，就算當時看似失敗，但以長久的眼光來看，肯定會為你指引出某條道路。

「紅路」和「藍路」哪一條都可以。請相信你所選擇的那條路就是最佳的道路。

自己選擇
的道路
藍路
紅路

14 過去的一切「那樣就好」

宮本武藏在《獨行道》中寫道：「吾凡事皆不悔。」

會鄭重宣告這件事，就表示他過去有很多後悔的事情。因為真正不後悔的人，不會專程說「我絕對不後悔」吧？

人類有時間的概念，所以會後悔「當時如果那樣做、這樣做就好了」。但其他動物絕對不會後悔，狗不會說「當時如果先把那塊肉吃掉就好了」。但事實上，有很多人會被過去影響。的確，那個時候，在那個當下，採取不同的行動或言行，或許就會改變人生。

「糟糕！當時做了蠢事，所以才會被女友甩掉。如果沒做那種事，現在我應該會過更幸福的人生才對！」、「當時如果沒犯錯，我在公司就會爬得更高才是！」

恐怕你的心中，多少都會有悔不當初的時候吧？如果有時光機，我們就能回到過去讓自己度過另一段美妙的人生。但過去無法重來，說得誇張一點，從「宇宙法則」來看，我們「絕對無法回到過去」。既然如此，就算過去多多少少違背了你的本意，但你也應該認為一切「那樣就好！」。就算那是多麼悲慼、慘痛，或羞恥的過去。

我再重申一次，過去絕對無法改變。但有一件事可以改變。那就是對過去的看法，這點可以一百八十度改變。換句話說，你要把認知從「這樣的過去很糟糕！」，轉換為「那樣就好！」。

還有一點我們可以改變。那就是未來。未來全部掌握在你的手中。認為過去「一切都好」，而未來在自己手中的人，在人生中，已經無敵了不是嗎？

大聲宣告：「我人生的過去，這樣就好！」後，你便會注意到心中出現某種巨大的變化。

15 為何你無法起身行動？

我在福岡講課時，有一名四十歲的女性找我商量這樣的問題。

「我的丈夫真的很過分，幾乎沒在工作，一發脾氣就會暴力相向。我想離開他，該怎麼辦才好呢？」

「那麼不喜歡他的話，跟他離婚如何呢？」我回答。

說完之後，她些許不悅地說：「請不要把話說得那麼簡單。如果離婚的話，那我們這十八年的夫妻又算什麼呢？」的確，我把離婚說得太簡單了，或許，讓她不高興了，但討厭對方就只能離婚了不是嗎？

然而，事情卻沒那麼簡單。其實現在已經知道，人類的心理有一個奇怪的毛病，即便現狀對某人有多麼不利或是狀況再糟，只要一旦身處在那個地方，就會遲遲無法做出能改變現狀的行動。奇妙的是，在那種糟糕的情況下，人會設法從中找尋某種療癒或救贖，抑或是內心的平靜。

人類對人生的態度真的很保守呢！

「我真的很討厭現在的工作，想要辭職」、「希望能跟交往的情人分手」。如果你現在有這類痛苦，卻沒有從該處振翅飛出的勇氣，請試著思考看看原因何在？不管你有沒有意識到，你從現在的狀態肯定「有獲得什麼」，而你害怕失去它。因為看得見那樣東西，所以你無法採取行動。

我不會說所有事情都應該這樣，但為了打破現狀，我建議採取果斷的行動。不過，或許會有「行動如果失敗了，你要怎麼賠我？」的疑問吧！這點也請不用擔心，因為人類的心靈在認為失敗的狀況下，依舊能馬上適應。

如果你感覺這麼做是對的，正在煩惱是否該付諸行動時，我建議你果斷採取行動。

「行動會證明一切」，祝福你越戰越勇。

16 「物以類聚」法則

「印度很貧困。但日本也很貧困；心靈的貧困。」

這是印度聖女德雷莎修女的名言。

在生活艱困的世上，人類似乎認為「周遭的事物與自己無關」，一味地追尋自己的快樂。請觀察一下你和家人或朋友的關係，對你而言，周圍的人是什麼樣的人？他們很優秀嗎？還是有許多自私自利的人呢？

其實這裡有一個嚴酷的法則。那就是心善開朗的人周圍會聚集相同的人；自私的人周圍則會聚集自私的人。俗話說「物以類聚」是事實。這麼看來，如果你覺得朋友「是一群無情的人」或「他們只想著自己」的話，很遺憾你自己很可能也是那樣的人。反之，如果你周圍都是很優秀的人，那你也會是優秀的人吧？

人類會和自己波長相符的人互相吸引。可以說「別人是反射自己的鏡子」，而

「你也是反射別人的鏡子」。

這麼一來，重點就在於你該如何讓自己變成一個優秀的人。請試著想像坐在你前方的朋友，其面孔和心靈就是你自己。如此肯定能感受到什麼。

17

付出的人身邊會產生人脈

人類的命運之門，會因為遇見其他優秀的人物而開啟。日本詩人相田光男在詩裡寫到，「那時的邂逅，能徹底改變人生，一個美好的邂逅。」（《因為是人》，文化出版局）。邂逅會決定人生的一切。這正類似命運，並不是我們想要，就能得到的東西。

那該怎麼做才能讓那樣的美好邂逅出現呢？

我在幫某間企業研習時，一名參加者問了這樣的問題：

「我因為工作關係想要累積人脈，所以參加了各種聚會，但卻不是很順利。該怎麼做才能有效拓展人脈呢？」

我想，有這樣想法的人應該不在少數。於是我開口問：

「為什麼你會想拓展人脈呢？」

「因為有人脈的話，就會得到各種資訊，商機也會因應而生。」他說。想拓展人脈的人，內心深處大致上都有這樣的想法吧？

但其實這是個天大的錯誤。因為，當一個人想透過拓展人脈「讓自己獲得好處」時，他人絕對不會想和他建立人脈。人脈當中有一種「越是追求就越會消逝，越施予，就越強韌」的心靈法則。

換句話說，抱持著想透過拓展人脈，來獲取商務利益的想法，是不會有人回應你的。在異業交流會上，不管發多少名片都徒勞無功的。

在此，請大大的改變想法吧！試著思考自己能給予眼前的人什麼？你肯定能為對方帶來某種幫助。當自己能給予對方什麼時，那一刻才會產生「人脈」。所謂人與人之間的關係，是指當某人想到你時，會湧現「希望還能再和你見面」的情感。唯有給予者才能讓對方產生這樣的情感。但在此所謂的「給予」並不是只指金錢或物質的。

自古以來流傳著所謂「無財七施」，是指沒有財產的人也能給予別人的七樣東西。

接下來就逐一介紹吧！

首先第一個是「和顏施」。

一言以蔽之，就是笑容。為何需要笑容？

請試著在腦中浮現你喜歡的人，家人、朋友或同事都可以。那個人在你心中應該是面帶微笑的吧？反之請試著浮現一個討厭的人，他在你心中應該是帶著生氣、灰暗或面無表情吧？

也就是說，我們在心靈法則中「會想起喜歡的人而帶笑容」，同時會抱持「喜歡有笑容者」的意識。既然如此，如果你在他人心中是面帶微笑，就是對方對你有好感的證據；反之如果是帶著陰沉的表情，就等於你被討厭了。

在建構人際關係時，笑容比我們想像的更重要。換句話說，面帶笑容的人可以給對方平靜或勇氣，表情陰沉的人則會奪走對方的幹勁或愉快心情。這跟本人是否意識到無關。

第二是「眼施」。

這是指「以善意的眼光去看別人」，然後仔細聆聽對方的話語。關於聆聽這件事，我會在其他的章節仔細講解，總之，人類在心理構造上，會對仔細聆聽自身話語的人抱持好感。

第三是「言施」。

這是言辭的布施，意指要多說感謝的話語。我們在日常生活中有許多感謝的話語。「謝謝」、「對不起」、「Thank you」、「感謝」、「致上謝意」……等，特別是「謝謝」一詞，擁有能活化自身和對方心靈的巨大能量。其實「謝謝」一詞能夠給予對方心靈上的力量。

第四是「心施」。

這是指「對人誠懇」，但我認為是「遵守約定」。我們能為他人做的事情有限，但誠懇的態度能給予對方力量。

第五是「身施」。

就是「以行動去幫助別人」，為對方勞動身體是一種體貼。

第六是「座施」。

搭電車看到有老人家上車時，我們起身讓座。座施是指把自己的座位讓給對方，但用更廣義的角度來看，就是「禮讓」的精神。我們在內心的某處，常會抱有「爭先恐後」的意識，如果抱著禮讓的心，會讓對方感到很大的喜悅。在瞬息萬變的商場上，一直「禮讓」是無法存活的。但只要內心某處有「禮讓」的心，就會多一股從容，最後讓對方開心，自己也跟著發達。

第七是「借宿施」。

當有旅客到你家希望能借住一晚時，你能歡迎他入內，就是「借宿施」。

換句話說，在對方有困難時給予幫助。當你運勢好時，會有許多人聚集過來。但只要經歷過一次失敗，眾人就會鳥獸散。此時，如果還是願意伸手幫助對方，便能建構真正的人際關係。

我們活著是因為得到他人無限的施予。但我們自己在「此時此刻」，同樣能給予他人許多的東西。「給予」這個行為並非特定人士才有的專利。每個人只要有這份自覺，就能成為可給予之人。

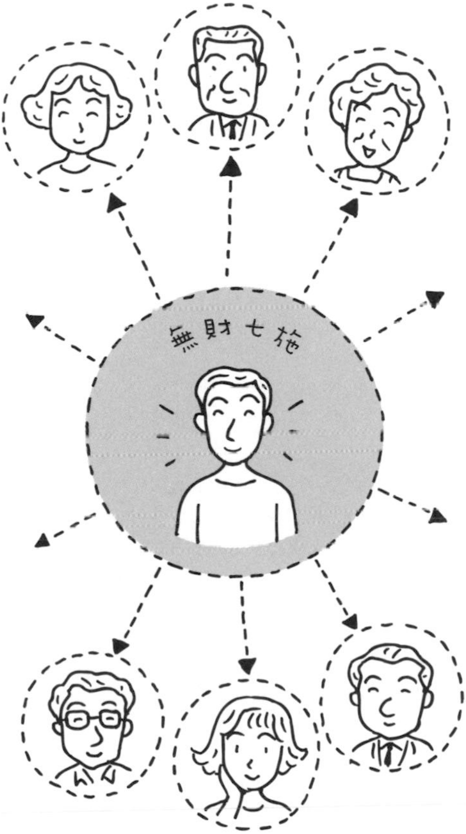
無財七施

18 積善能改變運氣

有句話說「積善之家，必有餘慶」。換言之，行善會發生好事。聽到我這麼說，似乎會有人回答我「現實沒這麼單純」吧？但這是不爭的事實。而善是指何物呢？

簡單來說就是讓人歡喜。不管任何事情，只要做會讓人歡喜的事情，就會在看不見的地方累積德行。有意識地去行善，會讓善意的循環越來越好，這是一件奇妙的事情。

試著思考要如何做，眼前的人才會開心，就會發現自己有許多事情可以做。但有時行善會與自身利益相衝突。因為欲行好事，多少會伴隨一些自我犧牲。可能是勞力、時間或金錢，有時你必須稍微克制自己的享樂。如此一來，內心深處會感受到一股無形的壓力。

此外，行善有時可能會別有用心，內心深處想得到別人的稱讚。但誇耀「自己做了好事」的行為會有偽善的感覺，那是不會讓人感到愉悅的。

但是，這裡的重點在於：即使隱約察覺到那是一種偽善，或是對些許的自我犧牲感到心有疙瘩時，依舊「願意去做善事」，這才是難能可貴的地方。

換言之即便是偽善，實際執行之後感受到的愉悅感，肯定能解放你的心靈，讓你情緒高漲。這會逐漸改變你的運氣。

還有一點我想和大家分享，就是「分享福氣」。分享福氣是指：當你發生了一件好事，例如中樂透、升遷或公司賺錢等，這時你會很開心。而這份喜悅你要分享給別人，不是只有自己獨享這百分百的高興，而是其中一部分應該奉獻給他人，且不求回報。

據說美國石油大王洛克斐勒從貧困時代開始，就一直把自己薪水的一成捐獻給教會。我們常會說：「等變成有錢人之後，要我捐什麼款都可以，但現在這種貧困生活，我沒辦法捐款。」這樣不管到何時，你都無法從心靈的貧困得到解放。做此刻能做的福氣分享，就會成為一個能在無意識中「將自己的福分分給他人」的人。這股力量會讓分享出去的福分又再次回饋到自己身上，成為一種正循環。少了這股正循環，即使一時家財萬貫，金錢也會不知不覺地消散殆盡。

我注意到一點，在我遇過的眾多經營人中，運勢一直很興旺的人，都會用他做得到的方式在分享福氣。

人類有一種無可救藥的「嫉妒」或「羨慕」心理。所以如果一直做獨善其身的行動，便會招致他人的負面心情；反之能夠分享福氣的人，眾人則會以正面心情接納，自然凡事一帆風順。

行善之後，善會繞一圈又回到自己身上——或許我們不能有這樣的想法，但即便有如此意念，行善依舊會讓你的人生運勢變好。

希望各位能再次仔細觀察「善行與運勢的關係」。

19 打掃與運勢有深切的關係

如果我說：「打掃與人類的運勢，有非常深切的關係。」這是否會讓你感到驚訝呢？當然一定也有人會說：「我的房間雜亂不堪，但我依舊活得很快樂啊！」其實，我是個不擅長打掃的人。我的妻子很擅長打掃，所以我總是說一些「妳是打掃的天才」之類的吹捧話，請她幫我打掃。但有一點很明確，就是當房間打掃乾淨了，心情也會非常舒爽。

達文西（Leonardo da Vinci，一四五二～一五一九，義大利文藝復興時期的博學者）曾經說過：「想知道你的靈魂是如何處在你的肉體中，只要看你住在什麼樣的房間。」意思是指房間雜亂時，心靈也自然會很雜亂。

為何住在整理得很乾淨的房間，心情就會很舒爽，而且幹勁無限呢？這其實和生命的根源有很深的關係。有一個學說叫做「熵」（entropy，指的是體系的混亂程度）的定理，認為整個宇宙的熵已經趨向最大值，達到窮極的平衡狀態。事物如果置之不理，肯定會逐漸變得雜亂。但生命在某種意義上，是在建立事物的秩序，剛好與熵起相反的作用。當然所有的生命都會迎接死亡，身體的細胞也會回歸塵土。但生命在熵值變低時，會變得生氣蓬勃吧！

換句話說，某種程度的雜亂意味著熵的增加，進而讓人預感到死亡。這與本人是否意識到無關。幾乎所有運氣好的人都會用一些方式，去留意房間的整潔度。

最近流行的風水，絕對不是毫無根據的東西。你住在哪種住家或房間，絕對會影響你的身心，所以千萬不能忽視。但即使風水師說：「寢室有十一坪以上，就能開運」或「家裡的顏色最好是奶油色」時，也很少有人會刻意住在隔間或外觀符合上述條件的地方吧？所以，千萬不要因為沒有依照風水師的話去做，而感到悲觀，這是愚蠢至極的行為，絕對不能因此被束縛住。但其中凝聚了我們在生活上不可忽視的前人智慧，這也是事實。

參考指標之一，就是你的心情是「好」還是「壞」？只要磨練心靈的感測器，肯定能明白自己與環境之間的關係。如果待在一個空間覺得不舒適，肯定有其理由。特別是雜亂的房間會在無形中造成不良影響。房間與人的關係可說就是相當深切。

那麼，該如何去看待打掃這件事呢？世界上確實有擅長整理和完全不擅長的人。擅長的人三分鐘就能結束，不擅長的人即使花一個小時，也掃不乾淨，反而會累積多餘的內在壓力。

在這裡，我想告訴大家打掃的訣竅。不擅長打掃的人心中會覺得「自己不擅長」。相反的，「完美主義者」似乎也會覺得自己不擅長打掃。不是盲目地把眼前的雜亂做歸納性的打掃，而是要先在心中，明確想像變乾淨之後的樣貌。有這樣的印象後，再開始打掃，就能以驚人的速度提早完成。

另一個訣竅是規定好時間，預定打掃十分鐘，就集中精神掃十分鐘，就算掃到一半，也必須認同當天的打掃成果。不要去想『整理完第一和第二個櫃子了，但是第三個櫃子還沒整理……』，而是抱持「今天三個櫃子能打掃兩個真是太好了！」的想法。

換句話說要將打掃這個行為，轉換成心靈的「快感」，就會形成「打掃＝快樂的事情」的心理公式，如此一來可就太棒了！工作即便遇到困難，當迎接你的是整齊乾淨的住家和房間時，你肯定會感受到一股強大的能量。

希望你能藉這個機會，重新審視運氣與打掃的關係。

第 3 章

能煩惱的你
也是一種奇蹟

20 煩惱絕對不會消失

我在幫某間汽車廠商研習時，一名學員說了這麼一段話：「我總是一直在煩惱。我覺得如果沒有這些煩惱，我的人生不知道會有多光明，但我老是會煩惱一些東西。假設一個煩惱消失，我鬆了一口氣之後，馬上就會出現另一個問題，讓我很痛苦。為什麼我的煩惱總是無止境呢？是因為我運氣不好嗎？」

如果讀者當中有人有相同的感覺，請務必關注一下煩惱的本質。

我們會煩惱各種事情。但我希望大家知道一件事情，就是人類的意識構造其實「一次只能煩惱一件事情」。

也就是說，在煩惱A時，煩惱B就會消失。有些人可能是集「病、貧、爭」等不幸於一身，但這樣的人即使在當下，擔心的也只有「一個煩惱」。

像前述學員那樣，感覺到煩惱接二連三時，其實並不是解決一個後，又產生一個新的煩惱。只是因為你心中正在擔心某個問題，所以感覺不到其他問題的存在。因此，當一個問題解決後，至今隱藏的問題就會浮現出來。

自身內心的煩惱與運氣非常有關，如果輕視這點就會被煩惱擺佈。

那我們該如何看待內心出現的煩惱呢？

首先第一點，你要這麼想：「煩惱絕對不會消失。而那個煩惱會教我某些東西。」所以，不是覺得「少了這個煩惱自己的人生就會很快樂！」而是去想，該如何在目前的狀態下感受到幸福。

第二，若反過來利用「人類一次只能煩惱一件事」這個意識構造，你只要決定有價值的目標，然後集中意識在那上頭即可。這麼一來至今一直覺得很嚴重的問題，便會不可思議地變得無關緊要。換言之，反正都要煩惱，那不如煩惱有價值的事物，藉此來舒緩內在壓力，建設自己的人生。

那麼，你「現在」正在煩惱什麼呢？

21 思考最壞最糟的狀況會讓勇氣浮現

人類在某種程度知道正面思考的價值，理所當然會討厭想像失敗，這一點並不奇怪。但考生常會煩惱：「考試失敗了該怎麼辦？」在企業內部也會有無數的人擔心：「無法達成工作目標該怎麼辦？」吧。

來我這裡的經營人中，擔心公司快要破產而輾轉難眠的人不在少數。但這一類的人在公司經營困難時，「破產」、「妻離子散」或「自殺」等印象就會擅自在腦中膨脹，然後被那樣的妄想束縛無法看清現實。

逃避現實的心態不會孕育出正常的判斷。可能會有人向高利貸業者融資，結果無法償還甚至想要「自殺」。這麼說或許很嚴厲，但這不單是不景氣的緣故，要說你的一念之間會決定一切也不為過。

我在擔任諸多經營人的顧問時，會請他們睜開雙眼面對現實的狀況。然後請他們試想今後會發生的最壞與最糟的狀況。這是非常痛苦的工作，因為會想要逃避。但不做這件事，就不會想到解決方案。

想像最糟、最壞的狀況，並下定決心即使在那樣的狀況下也要凜然活下去時，就會開始發生意識的逆轉。換言之，當你覺得在可想見的最糟、最壞的狀況下，依舊能「活下去」時，自然而然就會浮現出無數的解決方案。

如果你在煩惱某件事，請試著在心中明確描繪其結果會如何？最壞的狀況又是什麼？絕對不要逃避，然後在內心大聲的說：

「這沒什麼大不了的！」

即便身無分文，即便受人批評也「沒什麼大不了的」。以此為出發點，肯定會湧現對應困難的勇氣！反過來說，「思考最壞最糟的狀況」才是通往解決的入口。

22 你擔心的事情九十九%不會發生

人的大腦因為有前額葉，所以會拘泥過去、擔心未來。這是人類獨有的意識作用。實際觀察後會發現，窮緊張的人真的非常多。

我認識一位K先生總是杞人憂天，而且到病態的程度（或許真的是一種疾病）。「被公司裁員該怎麼辦？」、「跟新公司的上司不對盤該怎麼辦？」、「孩子要是學壞會很傷腦筋」、「擔心今後會失智」、「大地震發生了該怎麼辦？」、「日本和北韓要是爆發戰爭可就慘了」。

他的煩惱無止無盡，說話內容幾乎都是擔心的事情。沒錯，我們誰都無法斷定那些事情不會發生。但現在，能說的是，這些事情無論再怎麼擔心，都無法靠擔心來解決任何的問題。

「大地震發生了該怎麼辦？」是最叫人擔心的事情，但地震會發生就是會發生，不會發生就不會發生，我們能做的只有思考「該如何防患未然」。

還有最重要的一點，我希望各位能知道，你擔心的事情九十九％不會發生。你可以試著實際驗證一下，自己在日常生活中擔心的事情最後怎麼了？你應該會注意到九十九％都是「杞人憂天」。

雖然這是概率論，但你的擔心化為現實的可能性幾乎是零。擔心會因為是否有沒有認知到這一點而完全不同。當自己心中擔心著某件事時，應該先認為「暫時不要緊」。這樣就很足夠了。

接著你要下定決心，萬一擔心的事情變成現實，你會竭盡全力去對應。光是這樣就會帶來莫大的效果，讓內心海闊天空吧！現在開始試看看。

23

區分「辦得到」和「辦不到」，問題就會迎刃而解

在員工研習時，我有時會這麼問：「現在你面臨的課題是什麼？」這麼一來，參加的學員會在紙上列舉各種事物，如公事、家人、自己的身體或人際關係等。

一個企業中，不會所有員工都逍遙自得地回答：「自己沒有任何的課題。」大家都有自己的煩惱。

前幾天也是，我替某間大樓維護公司研習時，請參加的學員舉出「自己面臨的課題」。大家說出了各種不同的煩惱，如工作的辛苦、報酬、未達業績或客訴等等。

當我問：「現在你內心的平靜度是百分之幾？」後，每個人幾乎都回答二十或三十％，心中充斥著不滿。那該怎麼去思考這樣的問題呢？關鍵在於你在意識中，是否有將事情區分為「能力可及」或「力不從心」。

此處，我想介紹德國路德教派的神學家——奧丁格（Friedrich Christopher Oetinger）說過的一句話：

「請賜與我勇氣，好讓我能改變，我能去改變的事情。
請賜與我寧靜，好讓我能接受，我無法改變的事情。
請賜與我睿智，好讓我能區別，以上這兩者的不同。」

這稱為「奧丁格禱文」，在二戰期間士兵收到的耶誕卡上會寫這句話。

你認為如何呢？許多人會反其道而行。多數的煩惱只要努力都會有辦法解決。

但人類常會找許多藉口不去行動，或是去煩惱自己怎麼努力都無能為力的事情。

「工作都做不完，每天回家都晚上十一、十二點，身體真的疲憊不堪。」過去有人對我這麼說，一經詢問得知他似乎工作很忙碌，無法提早回家。這種人應該很多吧？但答案很簡單。肯定有方法能讓你盡早結束工作。只要斷然早點完成工作回家就好。但如果怎麼做都無法避免晚歸，那就應該接受它。

「不能設法早點回家嗎？」我這麼問他，一開始他的回答是，「我想那是不可能的。」但我稍微加重語氣追問：「真的沒辦法早點回家嗎？只要你下定決心每天早兩個小時回家，肯定就會有辦法，你怎麼看？」這次他的回答是，「仔細想想好像可以更早回家。」其實說自己加班很多、很累的人當中，有人是真的工作很辛苦，有人則是工作效率太差而自食其果。而實際來看，後者占壓倒性大多數。

另外，還有這樣的人：「我以前有留學夢，但因為家裡貧困不得不放棄。」說實話，他沒有實現夢想不是因為家貧，而是因為他想實現夢想的幹勁不足，沒去做自己應該且有能力做到的事情。意念如果夠強，人會設法找出自己該走的道路。要緊的是不要放棄。

然而，「我的上司總是抱怨我工作的態度，真的讓人很沮喪，有解決的辦法嗎？」如果是這種情況又如何呢？

以人類學的立場，大概會說「只要你改變，對方也會改變」。但人類要改變沒那麼簡單。更何況抱著「我已經改變了，所以你也應該改變」的心態跟對方對峙，恐怕對方也不會改變！

如果能把討厭的上司趕出公司，那問題就會解決吧？但如果沒辦法的話，你必須打從心底「放棄」這件事。真正的「放棄」並非「不得已」的忍受。而是指真正去感受「上司不會改變」的事實。

人類不管在任何狀況下，都能透過「接納」去克服身處的狀況，並消除內在壓力，找出一條全新的道路。你所面臨的課題，對你來說是「能改變」還是「不能改變」的事情，這點請善用你的「睿智」去分辨。

我請剛剛提到的大樓維護公司的學員，集中意識做自己能做到的事情後，他們終於發現到自己過去都沒那麼做，或是一直在煩惱不能改變的事情。接著，我和所有學員一起討論的結果後，令人驚訝的是，他們對人生的不滿或不安都在瞬間消失無蹤。

這是一個相當有效的心靈技巧，請嘗試看看。肯定能給予你付諸行動的勇氣！

24 你人生的「奇蹟」是什麼？

對你的人生來說，「奇蹟」的瞬間是什麼時候呢？是未來的某個瞬間嗎？還是過去的某個瞬間呢？

此外，當你聽到「奇蹟」一詞時，會聯想到什麼呢？奇蹟是指一般認為不可能的事情。我曾經在某間學校的孩童身上，學習到人生的奇蹟是什麼，在這裡我想介紹給大家。

大家有聽過「Dream Planet International School」這間位於沖繩的學校嗎？這間學校是栽培安室奈美惠等多數知名歌手的「Okinawa Actors School」（沖繩演藝學校）的創辦人牧野正幸所設立的免費學校，目的是為了讓孩子真正的特質能夠開花結果。

這兩三年間，我有幾次和牧野先生同台演講的機會。當時牧野先生為孩子著想的熱情讓我甘拜下風，他想方設法協助日本孩童的心情，讓我非常有共鳴。於是我訪問了Dream Planet International School。

這間學校位於恩納村的月亮灘酒店內，距離那霸車程約四十分鐘。當時教室內有八十名左右的學生在上課。透過大片玻璃窗戶可看見海灘。林立的椰子樹帶來了南國的微風。

我造訪時，國中生和高中生正在一起上課。雖然稱為上課，但內容不是我們熟悉的那種，而是凝視自己內在的課程。主講的年輕女老師與孩童進行了一個叫「挖土機抓斗」的課程。內容是由老師給孩童一個提示，讓他們把自己的想法寫在紙上。

我去參觀時的題目是「母親」。孩子們聽到這個題目後，稍微閉上了眼睛，過了片刻後開始在紙上寫下自己的想法。教室內充滿了緊張的氣息。大概是因為同學對母親的思念正在心中迴盪吧！有些孩子是一邊流淚，一邊在紙上書寫著。

三十分鐘後，紙被收了回來，由另一名老師唸出每個人寫在紙上的話語。裡頭有孩子盡情傳達了「最喜歡母親」的喜悅心情，但多數是寫和母親之間的各種內心糾葛。而最後肯定會寫下自己對母親的感謝。

隔天我又去了學校，同樣參觀了「挖土機抓斗」這個課程，這次的題目是「奇蹟」。孩子會對這個題目做出什麼回答呢？我當時非常感興趣。那天有其他學校的國中生，約七、八人也參加了這個課程。

三十分鐘過後，紙張被收了回來。他校來參觀的孩子們，對奇蹟的描述是：「中了三億日圓的樂透，買超級豪宅」、「成為明星在卡內基音樂廳唱歌」、「發明卓越的藥物拯救人類」或「遇到飛機事故只有自己幸運獲救」等，也就是我們普遍所稱的「奇蹟」。

而Dream Planet的學員寫的都是「現在活著就是一種奇蹟」。過去不適應學校生活或是曾經想自殺的孩子們，透過注視現在的自己如此有生命力地活著，體會到現在這個瞬間就是奇蹟。

「跟朋友聊天、吃飯、教室內的書寫聲、輕撫臉頰的風，這一切對我來說，都是奇蹟。」

認知到活著的每一個瞬間都是一種奇蹟，那你此刻存在的這個世界本身就會變成奇蹟。

我們認為「奇蹟」是一種「不可能的事情」。但真的靜下來凝視內心，其實我們擁有生命本身就稱得上是一種奇蹟。大概是孩子們想起過去「忘記自己還活著」的痛苦經驗，才會珍惜「此時此刻」。我們也一樣，將「此時此刻」視為一種奇蹟，就能歡喜迎接現在的人生。

直到現在，在 Dream Planet 獲得的感動依舊存在我心中。

現在，我們在日常生活中不太會感受到奇蹟。但「湊巧邂逅的人」、「湊巧遇見的書」或「在街角綻放的花朵」等，每樣事物都蘊含著奇蹟。是否能感受到這一點，會決定我們的人生態度不是嗎？

我在振筆撰寫這份書稿的此刻，還有正在閱讀本書的你，或許都是活在奇蹟的瞬間。

25

已經準備好達成目標——垂直攀登吧！

垂直攀登是指筆直爬上懸崖直奔山頂。換言之，就是直接朝著目標爬上去，可說是一心一意吧！人生中因為各種不同的迂迴繞路，會讓我們的人生添加深度或色彩是不爭的事實。但許多人會刻意在自己的夢想或目標旁繞圈圈，遲遲不肯爬上山，這些人會說「我還沒做好爬山的準備」。

假設你打算去美國留學，那麼你就必須學習英文。要學會英文，就必須上英語學校。要上英語學校就必須要有錢。為了存錢必須要打工。就像這樣，要做一件事情時就會在腦中想東想西，途中便會感到疲憊然後受挫。那垂直攀登是什麼意思呢？就是如果你想留學，就什麼都不要想，先留學再說。

大家會說這樣的想法是有勇無謀。但實際上行動後就會船到橋頭自然直。我們在心中會害怕朝目標前進。腦中會想「失敗了該怎麼辦？」，會想「準備好再出發吧！」。但一直待在原地不動，是絕對無法準備的。當開始跨出第一步時，才可說是真正開始準備。

光說不練的人在丟球之前，就會一直在想，球會掉在哪裡？但真正的智慧只會由「行動」而生。察覺到行動中的智慧時，力量就會湧現，然後道路就會為之而開。

假如你有真正想得到的東西，請試著這麼想：「我已經做好得到它的準備了。」然後拿出勇氣，帶著單程票啟程吧！你肯定能在那裡發現人生的寶藏。

你踏出第一步的日子，就是此時此刻。

26 相信自己的直覺

首次遇見某人所感受到的稱為第一印象。覺得「這個人有點怪」時，他就是真的有點怪。反之，覺得「跟這個人好像合得來」時，通常都會如此。當然第一印象也常會在事後被顛覆，但詢問之後會發現，似乎有七成的準確度。

見面後一到兩分鐘，就能知道對方是什麼樣的人。因為我們會向對方發出無數非語言的訊息。人類會感受到一種可稱為波動的力量。

有惡意的人身體某處會發出惡意的波動；而善良的人會發出善良的波動。人類在和他人溝通時，會在非語言（nonverbal）的領域中交換無數次的資訊。這會比聽對方說話還要更準確。

以前我遇過一名證券業務。他給人的感覺非常怪異，但巧舌如簧。大概是欲望蒙蔽了我的直覺，聽到他說「絕對會賺錢」時，我糊裡糊塗就拿出了大筆的資金（其實也沒特別多）。但那支股票卻持續下跌。

「再這樣下去，會血本無歸，你說的話是假的吧！」就算我如此抗議，他還是說：「不對，現在是利空出盡了。之後只要等它上漲就好。」但那所謂的利空卻無止盡地發生，之後股票還是繼續下跌。

事到如今，我認為，這是被貪念蒙蔽雙眼的懲罰，所以那支股票我就放著不管了。但我深切感受到順從自己的直覺有多麼重要！對他人的直覺，只要去除自身的欲望集中精神去感受，肯定會在一定的準確度下，知道對方是什麼樣的人。天生就是騙子的人，因為看不出來，所以難以判別，但大致上會感覺到。

我們在做某件事情時，順從心中不經意浮現的想法，就等於順從直覺。

日本江戶時代的儒學家賴山陽說，思考事物的地點有「三上」，就是「馬上」、「廁上」和「枕上」。

馬上就是騎馬時，馬步聲的旋律會刺激大腦發出α波。而廁上則是上廁所時，廁所的確算是放鬆的空間吧？第三個枕上是指睡前。賴山陽會用這三上的時間思考。

我每天早上會沿著墨田川散步一個小時，如此肯定會浮現某種能提示未來的概念。這種真正源自直覺的概念，會伴隨著「內在驅動」。「內在驅動」一言蔽之就是「心跳不已的興奮感」。關於內在驅動，我之後會做詳細說明。當你想做某件事，而且內心感到強烈的振盪時，那份直覺可說是正確的。

還有一點，我在浴室洗頭時，總是會莫名地浮現出許多想法。洗完澡如果不趕快寫下來就會忘記。之後去執行以上兩種方式所產生出來的想法時，通常會很奇妙地就產生好的結果。

對於由直覺產生的構想，不要抱著「那種事情辦不到」的自我否定感，試著順從直覺，事情就會意外地順利。

此處有兩個重點。第一，應該仔細觀察自己在哪種狀況下會萌生直覺？這樣就能知道直覺會在什麼狀況下啟動。

直覺會以構想的方式從他處降臨，無法人為操控，但重點在於，有意識地準備好讓直覺容易運作的狀況。

接著，當直覺來臨時，先踏出第一步，不要去否定它。跨出一步後，直覺又會再次運作。也就是直覺和行動的合作。直覺有時會用壓倒性的魄力指示行動，但大多數會像漣漪一樣微弱。重點在於，是否能掌握那個漣漪。

請豎起耳朵，傾聽自己內在的聲音——直覺。其中肯定內含可改變你人生的寶貴訊息。

27 迷惘時，隔一天再決定

我們在日常生活中，常會對決定一件事情感到迷惘。特別是有人要求自己下決定時，會感到迷惘，不知該如何是好。這是因為有以下幾種理由：

首先，對某人的提議會覺得：「拒絕的話，會不會被討厭？」然後才心不甘、情不願地答應了。

還有一點，害怕因為拒絕這個提議而失去某種機會。這樣的心理狀態可能會讓你雖然不感興趣，但還是點頭答應。

有些時候，的確會被要求「當下」做出判斷。但希望你記住一點，真正會被要求「當下」做出判斷的狀況，在人生中只會有數次而已。

當你無法接受時，應該鼓起勇氣說：「請讓我考慮一天。」這是一件理所當然的事，但如果你沒辦法做到，事後你就會後悔：「真糟糕，當初不應該做出那樣的承諾的。」這絕對不是「優柔寡斷」。緩一緩再下決定，可以讓自己思考一下對自己而言，什麼才是正確道路？然後才能持續前進。

我也曾因為輕易答應他人的請求，最後讓自己陷入困境。但我在學會「緩一緩」的節奏後，事物的運行就變得很順利。特別是在「緩一緩」的這段期間，我會在散步中思考該怎麼做？然後突然浮現好點子。

「猶豫不知該怎麼辦時，緩一緩再說」。

請把這點放在內心的某處。他人絕對不會因為你思考一下，就認為你是「沒有決策力的傢伙」，反而會覺得你「有判斷力」。就像讓紅酒熟成一樣，緩一緩也能讓思考熟成。

28 調整呼吸是生命泉源

人類，一週不喝水就會死亡；一個月不進食也會死亡。但最重要的東西是呼吸，因為哪怕是停止呼吸五分鐘，人類都會死亡。

但我們幾乎不會在意呼吸，因為呼吸這種東西不論有無意識到，從呱呱落地的瞬間就會自己開始。但我遇到某人之後，對呼吸的想法有了根本上的改變。

那個人是年齡超過百歲，指導許多人的奇人醫師：鹽谷信男。我遇見鹽谷醫師的契機是因為一位相當照顧我的經營人，介紹我說：「熱海有一位非常厲害的醫師，請務必去見他一面。」

當時鹽谷醫師已經高齡九十二歲，但依舊老當益壯。他年輕時在東京是大受好評的內科醫師。據說，醫院總是門庭若市，有許多患者會專程上門求診。但我實際透過鹽谷醫師的診療，體會到人類體內潛藏的自然治癒力，會大幅受到有意識的呼吸所影響。而西洋醫學認為治療疾病的基礎，是透過物理療法來攻擊病毒。但其實人體是一個小宇宙，整體是有機制地結合在一起。所以如果只集中在一處患部，整體沒有保持精巧的平衡，要根治疾病是不可能的。

鹽谷醫師徹底研究了心靈的調整和呼吸法，最後發現一個理所當然的道理：單純只要「活得開朗、不抱怨」，就會對身體帶來非常正面的影響。

他研究了各種呼吸法，奠定了「正心調息法」。其關鍵在於深呼吸、長吐氣。然後在丹田（肚臍下方）凝氣，同時在心中祈禱心靈平安和願望能夠實現。這麼一來，身體就會充滿能量，各種疑難雜症會逐漸根治，鹽谷醫師的身體也因此沒有絲毫的疾病。

說句題外話，鹽谷先生是高爾夫「總桿數低於年齡」的世界紀錄保持人。也就是十八洞的桿數，低於自己年齡的最高齡紀錄。我曾經和鹽谷醫師打過高爾夫，他在球道上健步如飛的姿態，完全不像是年過九十歲的人。奇妙的是跟鹽谷醫師打過十八洞後，我的爛桿數居然提升了，有一段時間維持在八十桿左右（很可惜，現在太忙，所以沒打高爾夫球了……）。

有關正心調息法的詳細內容，可看鹽谷醫師的著作《一百歲所以想告訴你》（暫譯，《一〇〇歳だからこそ、伝えたいこと》，Sunmark 出版），但不用想得那麼困難，就是在日常生活中養成深呼吸的習慣。人類的內心在困惑或不安時，呼吸一定會變得又短又急。當一個人放鬆時，呼吸會變得又深又長。換句話說，有意識地延長呼吸，可讓氧氣循環大腦，打開心靈之窗。

有時間的人可以打坐或冥想。但並非只有在那種特別的時間中，人類才會開悟或產生靈感。在一般日常生活的各種瞬間「深呼吸」，可以的話同時在心中抱持「感謝」的心情，就能讓美妙的能量高漲。

趁這個機會重新檢視對我們而言，最理所當然，也最重要的呼吸吧。

29

貴人就在你身邊

大家知道《妙法蓮華經觀世音菩薩普門品》這個經文嗎？其內容是說：當眾生受苦時，只要唸著「南無救苦救難觀音菩薩」，就會出現各種觀音前來相助。倘若真是如此，那可就值得感激了。不過，對於活在近代科學世界中的我們來說，感覺就像神話故事一樣。

不知何時，大概是很久以前，我曾聽過一個有關觀音經的故事。

內容是這樣：

在某個地方，有一名男子篤信觀世音菩薩。他每天會唸好幾次觀音經，他相信當自己有危險時，觀音菩薩肯定會出現拯救他。

某天颱風過境，導致河川氾濫，他的家也淹水了。爬上屋頂的他心想：「對了，現在正是拜託觀音菩薩的時候，念彼觀音力。」他重複唸了好幾次經文，觀音菩薩卻沒有出現。他放聲向觀音菩薩求助，但雨勢反而越下越大，水位也急速上升。

這時，河川對岸來了一艘小船說：

「喂——！我來幫你了，快上船。」

但他卻拒絕上那艘小船。「我是信觀音菩薩的，所以菩薩一定會來救我，你不用擔心。」他說。

「你在說什麼，快上船！」

男信徒無視其聲音，抬頭仰望天空。最後小船放棄離開了。

過了不久來了一架直升機，迅速放下了繩梯說：「快點抓住梯子！」

但男信徒又拒絕了。「觀音菩薩肯定會來迎接我，謝謝你，不用擔心我。」

直升機盤旋了一下，然後飛走了。

「觀音菩薩還不來嗎？觀音菩薩還不來嗎？」男信徒的祈禱落空，河水最後變成了急流，他的家被沖走，自己也丟了性命。

當男信徒回過神來，發現觀音菩薩就站在眼前。男信徒說：「觀音菩薩，您太過分了。我每天篤信觀音菩薩，遇到危機觀音菩薩應該要來救我，可是卻沒有。我會死是因為太相信觀音菩薩了。」

說完，觀音菩薩歪頭不解地說：「你這話說得真奇怪。本座可是幫了你兩次呢！」

男信徒嚇了一跳說：「咦！怎麼可能。不管我怎麼唸您的名字，都沒看見您的身影啊！」

「不對，本座第一次化身為小船去幫你。可是不管怎麼伸出援手，你都拒絕了。第二次，本座變成直升機去救你，你還是不領情。」

男信徒恍然大悟說：「那條小船和直升機就是觀音菩薩嗎？」

大家覺得這個故事如何呢？每當一有機會，這句話就會閃過我的心頭。因為當我遇見了各種煩惱時，真的就會在最佳時機有人伸出援手。這真的是值得感激！我沒有信仰特定的宗教，但總覺得好像有某種東西在守護我。

當然，此某種東西會以現實的人物或物質的形式出現，而非有形體的神仙或佛祖。這樣看來，不管是何種宗教，只要對守護著我們的某種力量心存感謝，就會感覺到那股力量真的變強了。

這種說法，可能會被當作是超自然或某種新興宗教，但我只能如此表達自己的實際感受。所以即便發生困難，只要覺得「這一定能解決」，就會在不知不覺間得到某人的幫助，然後一切順利。而且解決之後，狀況常會比問題發生前更好。

直率地觀察連續發生的狀況，就會知道各種困難的發生有其意義，而且解決之道早就已經安排好了。

30
凡事問前輩

你在開始某件事情時「獨學」有其價值。如同宮本武藏，從未師事於人卻能在該領域登峰造極，這是一件寶貴的事。但實際上「獨學」往往會走錯道路或白白浪費時間。

有句話說「問是一時之恥，不問是一生之恥」。如果有不懂的事，應該下定決心找個人問問。

我想大家都有這種經驗，第一次用電腦時，會很有幹勁地覺得：「來吧，靠自己熟讀說明書學會它！」但實際嘗試後會發現一開始就看不懂，好幾個小時都一籌莫展。當你束手無策老實向人請教後，往往發現問題只要按一個鍵就能輕鬆解決。

換句話說，精通此道理的人，任何課題都能輕鬆解決。有人會覺得「辛苦學會才不會忘，簡單學會的馬上就會忘光」而不太願意詢問他人，其實沒這回事。「每事問」會叫人傷腦筋，但更嚴重的是不去問人，然後自以為好像懂了。

吉田兼好的《徒然草》寫了一個有趣的故事。兼好法師撰寫《徒然草》是在鎌倉時代末期，書中有許多佛教或神道的內容。當時有一個叫仁和寺的寺廟權傾一時，而兼好法師留下了調侃該寺和尚的記述。

某次，仁和寺的和尚因為「石清水八幡宮是和伊勢神宮並列的高貴神社，但自己到了這個年紀還沒去參拜過，這樣可不行」，所以就獨自前往參拜。後來他參拜了山腳的某間神社，很高興自己終於實現了願望。

之後，他向周圍的人吹噓說：「唉呀，真不愧是石清水八幡神啊。那間神社好氣派啊！」又接著說：「可是好奇怪，不知為何有很多人參拜後又繼續往山上爬。不過我的目的是去參拜，所以沒有繞上去直接就回來了。」

聽到他的話，周圍的人發出了竊笑。因為山腳那間神社不是石清水八幡宮。這種事情只要找人問就知道，但和尚因為不問人，結果出糗了。

看到那名和尚的舉止後，兼好法師說「有前輩是最理想的事情」。這個故事如何呢？這一類的失敗，我似乎也經驗過很多次。

如果你現在遇到了某種困難，試著大膽詢問周圍的人吧！假如是自己無法解決的事情，肯定會得到驚訝的答案。即便自己沒有困擾，透過詢問他人確認自己的想法或方針是否正確也是必要的。如此就算最後採取的行動一樣，也能抱持自信進行，或修正自己未注意到的錯誤。

總之，「凡事問前輩」。但是，如果什麼都要問的話，恐怕會被罵說：「好歹自己動腦想一下」，所以要注意適可而止。

第 4 章

成為十年後
想成為的自己

31

「初衷」的意思

學校的開學典禮上，校長有時會訓示說：「請加油，不要忘記今天的初衷。」但這個「初衷」的本意不是這樣。的確在開始某件事時，心中可能會有一股激昂的期待感。但實際上是一半期待一半不安，不是每件事情打從一開始就能下定決心的。

其實初衷一詞是出自室町時代能樂的集大成者：世阿彌所著的《花傳書》（風姿花傳）。《花傳書》是世阿彌將其父親、能樂的天才觀阿彌闡述的能樂密傳，整理成冊的。

其中出現了「初衷」一詞。當某人決定「鑽研能樂之道」後，長時間修行了好幾年後，在某個時間點，他開始能跳出自己也能認同的能樂。初衷是指覺得「啊！這樣自己差不多能獨當一面了」，同時，開始明白箇中樂趣的瞬間。換言之，《花傳書》說的初衷是指，進入某個領域到某種程度後，才能感受到的心靈狀態。

宮本武藏的《五輪書》也提到「千日鍛、萬日鍊」。也就是說，一件事做了三年才會到達其入口，過了三十年才會達到其精髓。此外，日本將棋的升田幸三在晉升名人時，也曾留下「來到此處還在山腳」的名言。簡單來說，初衷是指不管在何種道路上，都要抱持還要繼續精進的謙虛。

另外，這個「初衷」還教了我們另一件事，那就是開始某件事情時，抱著「絕對要成功」的魄力進行，這是很重要的。但剛好因為有人邀約而順勢開始也行，沒有一件事情一開始就必須做一輩子。自己有幹勁再繼續就好！不喜歡的話，中斷即可。

開始一件事時，可試著依靠某種「順勢」和「偶然」。之後開始感興趣後，那就會是你的「初衷」。

希望你能遇見好的「初衷」。

32

參拜神明時只需要「感謝」

你新年參拜神社時，會祈禱什麼呢？

「居家平安」、「生意興隆」、「考試合格」……只花百圓日幣左右的香油錢就東求西求，這樣可能連神明都聽不下去。

說到神明，有唯一真神「耶和華」或「上帝」，也有日本八百萬神等。神明的數量眾多，但似乎都是超越世人智慧的存在。

筑波大學的名譽教授村上和雄說：「宇宙有某種偉大的存在（Something Great）。」（《生命的略碼》，Summark 出版）

我原本也很貪婪，會向神明祈求各種心願。但後來我想了一下，如果神明有力量實現我的心願，那我不需要拚命拜託，只要那個願望是正確的，神明應該就會設法幫助我。

所以在那之後，不管參拜哪間神社，或是向家裡的神壇祈禱時，我都改成了在心中默唸：「謝謝您總是守護著我」，而後一切事物都會變得非常順遂。

另外還有一點，自身的誓言也很重要。要實現某件事時，應該發誓自己會全力以赴獲得成功，而不是向神明祈求。抱持這樣的態度心情就會格外清爽，事物也會不可思議地越來越順遂。

在這科學社會中或許會有人說：「你在說什麼傻話！」但這些都是真的，請務必嘗試看看。肯定會出現不同以往的結果。

33 別在意他人的批評

「謗譽由人，行藏在我。」

這是勝海舟送福澤諭吉（日本近代思想家）的一句話。

日本江戶幕府垮台、明治新政府上路時，勝海舟扮演了極為特殊的角色。他是幕府閣僚，也就是服侍德川將軍的人，但他直覺到「江戶幕府無法與海外列強交手」，於是領導坂本龍馬等浪人或下級武士，為打倒江戶幕府而四處奔走。後在西鄉隆盛的江戶無流血開城門之下，江戶時代在實質上劃下了句點。勝海舟可說是背叛了自己侍奉的將軍。

接著，他在明治政府成立後禁閉了德川慶喜。以對應上司的態度來說，沒比這更過分的了。而他本人則成為明治新政府的高級官員。該說他是牆頭草，還是只想明哲保身呢？總之他「不配稱為武士」吧。

福澤諭吉對勝海舟這種從功利出發的行為感到憤怒，寫了一篇批評他的論文後，刻意拿給他看，還徵求他的同意說：「我寫了一篇批評你的文章，我可以對外發表嗎？」

這是一種脫離常軌的行為，但勝海舟卻如此回應：

「誹譽由人，行藏在我。」

意思是說：「自己的行為或本意只有自己最清楚，別人要怎麼說自己，那是他的自由，你請自便吧！」然後，勝海舟處之泰然，連內容都沒看就送還給福澤。

這兩位都是人品崇高的人。勝海舟在數十年後，恢復了德川慶喜的名譽後，辭世了。

我們在做事情時會在意旁人的眼光。「失敗了該怎麼辦？」、「不想被人批評」等，特別是日本人有「恥的文化」，所以這種心情會特別強烈。但不管做什麼別人都會批評。只要做一些顯眼的事情，就會樹大招風，然後遭受到不公平的懷疑。

我本身也一樣，只要透過專為日本國家政策提供意見的智庫「日本政策新天地」（Japan Policy Frontier）稍微參與政治，就會受到驚人的批評或脅迫。俗話說「無風不起浪」，但這句話在現代社會卻行不通。因為旁人會故意放火，然後叫嚷「失火了、失火了！」。而且對方還不會當著你的面，他們會卑劣地隱姓埋名，到處造謠生事，實在讓人困擾。特別是和選舉扯上關係後，狀況會變得更加嚴重。

這種事情我經歷過許多次，剛開始會稍微感到沮喪或氣憤對方「為何要做如此卑劣之事？」，但從某個階段開始，我開始認為，當他人不是當面給你忠告，而是散布那些毫無根據的中傷或毀謗時，就證明我們有在做事。如果真的覺得我們有錯，那就正大光明地指責就好，但那些人卻躲在暗處來陰的。

如果自己問心無愧，那就逆來順受聽過就算了，如此毀謗也會瞬間消失。能夠忘記「在乎他人眼光，不想被批評」的人，才能掌握住自身的運氣。你必須有客觀的洞察力，去看他人怎麼看待自己，但想讓所有人都喜歡你，是一種完全無意義的想法。

因為當你立志「想做」某件事，然後向某人得意洋洋地闡述時，對方會大讚：「那樣很棒！一定努力實現，我會幫你加油！」的機率可說是非常低！這不是因為你的志向低，也不是因為你的目標不值得稱讚。而是因為你在心中真正感受到的事情，或是覺得有價值的事情，很難傳達給對方知道。更何況你的行為如果觸及對方的利益或貶低對方的自尊心時，那你肯定會成為被批評的對象。然後周圍的人會企圖終止你的行動。

此外，人類很難客觀去看事物。無論你有無意識到，人都會以自身利害來衡量，即便那是出於善意。

假設善意的A先生告訴你：「往右走比較好。」但另一位善意的B先生卻告訴你：「往左走比較好。」那你該怎麼辦呢？先不談這兩條路的好壞，如果你往右走，B先生就會批評你。而往左走，則會受到A先生的批評。當你兩邊都不選，不想被A或B先生批評時，反而會被雙方攻擊。

那該怎麼辦才好？答案只有一個。只要動機有某種程度的善意，而且沒有私心，那自己的行為不管受到何種批評，只要做自己覺得正確的行動即可。這樣一來，世界就會看似不公平而公平，當自己走在正道上時，他人的批評就會宛如朝露，注意到時，早已煙消雲散。

重點是「不要太在意他人的批評，做自己該做的事」，如果能做到這點，就能掌握運氣！這是掌握運氣重要的心靈訣竅。

34 對迷信一笑置之

人類意外地會有各種迷信。就像職業棒球選手說：「之前我沒刮鬍子結果打出全壘打，所以我今天也沒刮鬍子。」這種算是「討吉利」的可愛迷信，倒不成問題，但人類常會因為迷信，而在心中鎖上看不見的枷鎖。

我認識的某位經營人，有一個奇怪的迷信，他早上會對家裡的神龕，拍兩次手合十拜拜，如果聲音不夠響亮，他就會沮喪一整天，擔心發生壞事。而那樣的日子的確發生過壞事，所以可不是開玩笑的。

但那其實是一種錯覺。因為仔細想想，一天當中並非一直會發生好事，總會有一兩件討厭的事情，可是，他就會聯想到早上對神明的拍手罷了。

就算雙手拍得很響亮氣派，還是照樣會發生不好的事，沒有的話才算稀奇！而他沒注意到，只是因為沒把壞事放在心上。

這種事情會變成迷信，迷惑我們的心靈。

「居然相信那種蠢事！」你不能這樣嘲笑他。因為仔細想想，你肯定也有難以啟齒的迷信吧？當你發現自己心中的迷信後，請「哈哈哈」地一笑置之！

清楚知道自己已經被迷信束縛，反而能擺脫迷信。而且既然要迷信，不如迷信能讓自己精神一振的事情。

35

睡覺時用幸福感滿足內心

要提升運氣有一個非常有效的技巧，就是在睡覺時，用幸福感滿足自己的心靈。這對現在有困擾或覺得自己很不幸的人特別有效。

到我這裡做經營協商的經營人，有不少人會因為經營狀況不理想而感到心煩意亂。

詢問這些人後，他們會說晚上睡覺時，心中會充滿煩惱，所以很難睡得著。然後早上起床常常眉頭深鎖，身體的肌肉僵硬。人類的顯在意識、潛在意識和肉體是彼此相連的，所以身體僵硬時運氣也會變差。

夜晚睡眠時，顯在意識會進入沉睡，所以潛在意識會顯現出來。而當否定的意識太過強烈，就會影響到潛在意識。這樣會形成意識的惡性循環，身體會發出否定的波動。這麼一來，他人當然也會敏銳地感受到這一點，所以身邊無法聚集貴人。

奇妙的是，還會發生倒楣的事情，如此內心會變得更灰暗，陷入了有如通貨緊縮螺旋般的負面螺旋中。

我想告訴你，要斬斷這個惡性循環，實踐本書所寫的心態很有效，特別是在睡前的心態非常重要。

當內心有許多不安或覺得自己很不幸時，還要你「讓心中充滿幸福感」時，你可能會想反駁說「辦不到」。但你還是要在心中思考「自己現在很幸福」。更有效的方法是，回到家之後就下意識地讓心靈和外面的瑣事隔絕開來。

其方法就是，先泡一個暖和的熱水澡，讓自己放鬆。在浴室告訴自己「真舒服」，慢慢地深呼吸，慢慢打開外部與內部之間的糾結。接著如果可以，就做些伸展或真向法體操，鬆弛外部的肌肉僵硬。精神壓力和肉體壓力其實有直接的關係，所以只要消除肉體壓力就能連帶消除精神壓力。

像這樣，睡前開啟潛意識的入口，潛意識就能獲得正面能量，所以早上可以爽快地起床。

我會請遇到困難的經營人，硬逼自己調整就寢前的意識。剛開始會很牽強，但快的話兩三天、慢的話一個月內，就會明顯發現自己的運氣改變，為你帶來貴人相助，以及意想不到的機會。最重要的是能夠獲得「讓自己一整天都充滿幸福感！」這份最棒的禮物。這不是透過理論，而是經驗法則證明的。

　如果你現在感覺到不幸或工作陷入僵局，請試著將這小小的實踐當作一天的總結。相信一定會替你的運氣帶來不小的能量。

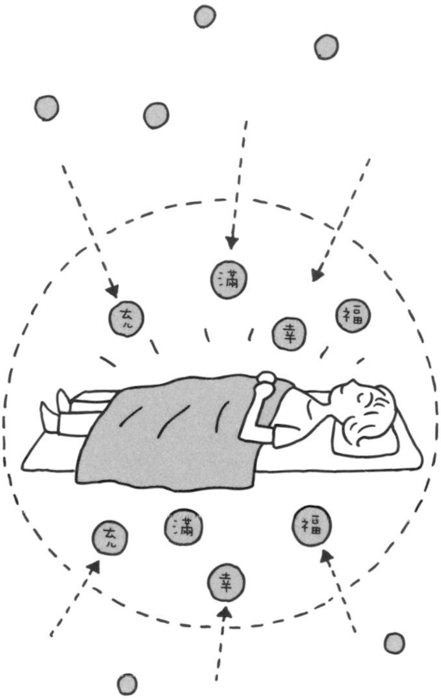

36 提高想像力

想像力就是聯想。每個人在年幼時，都曾經在各種幻想的世界中遊玩過吧？但我們隨著年齡增長，最後「現實」和「幻想」會分道揚鑣，逐漸變得不會作夢了。

然而，這份想像力，可說是提升運氣的關鍵。越是強化想像力，就能讓我們的潛力活化，讓人生的羅盤朝目標逐漸前進。

但想像這件事相當困難。請試著閉上雙眼，然後在心中描繪你想實現的夢想。這時，如果你心中能「清楚」浮現夢想實現後的情境，讓你的內心激昂，這個想像就算成功。但通常閉上眼睛，想在內心浮現那樣的場景時，眼瞼後方卻只會一片漆黑，想要統整想像力似乎很困難。

我在研修中訓練想像力時，有時學員曾問：「我不太擅長想像，該怎麼辦才好？」想像這件事，確實有分擅長和不擅長的人。但覺得自己不擅長的人，只要掌握訣竅就能順利成功，請嘗試看看。

首先，希望大家意識到其實「自己平常也在想像」。比方說，試著進行以下的實驗。

請伸出你的左手，想像上頭放著一個棕色的小瓶子。然後用右手打開瓶蓋。接著你從瓶口窺視瓶內，看到瓶中裝滿了紅黑色的醃梅乾。你用右手手指拿起了一個，指尖感覺到黏糊糊的梅乾觸感。你把梅乾放入口中，然後用上下顎緊咬住，梅乾的酸味和鹹味在口中四散。

以上就是實驗的內容，在這幻想的實驗中，如果你的口中有分泌出唾液，就表示想像的梅乾有影響到你的身體。

每個人都有想像力，即使不像看電影般清晰，但任何人都有想像力。所以，先相信「自己有想像力」是最重要的。

接著，我來告訴你提升想像力的訣竅。那就是想像越具體，就越容易在心中結果。希望你能給自己的想像力養分。

例如你「想要去旅行」，這是一個願望，但很模糊。旅行是國內旅行還是海外旅行？海外旅行的話是歐洲還是美國？如果是歐洲，那要去法國還是英國？如果是法國，是去巴黎還是尼斯？

重複這樣的步驟，逐漸讓自己實現願望的情景變得更鮮明。如此就會像相機聚焦一樣，模糊的想像最後會出現清晰的輪廓。

所以老師常會指導考生說：「如果有自己想去的學校，就實際去那裡，然後去學生餐廳吃飯。」這也符合想像理論。能想像自己是那間學校的學生，充滿朝氣地在校內走動，身體的細胞就會感受到，覺得那是理所當然的事情。對考生來說，雙親或老師再怎麼敲邊鼓，如果小孩心中無法形成這種想像，那準備考試就會變得相當痛苦。

另外，在工作上，想像力也掌握了成功關鍵。例如撰寫企劃書時，團隊成員如果能明確掌握其實現的樣貌，該企劃就會成功。但如果只有語言，成員想像的內容都不一樣，事情就會不順利。

例如前首相小泉純一郎常說「構造改革」，但其實構造改革達成後，社會會發生變化這點大家沒有一個共同的想像。頂多覺得「好像有改變了」，卻完全不懂在做什麼。這種沒有明確想像，只有華麗詞彙的文字遊戲絕對不會成功。重點在於是否能想像那件事完成後的樣貌。

接著，有一個方法能分辨潛意識是否能接受想像的內容。那就是當你浮現出情境時，心中是否有「內在促使」。內在促使是一個哲學用語，簡單來說就是「雀躍」、「興奮」的心情。

小時候在遠足前一天，你是否有興奮到睡不著的經驗呢？長大成人後，開始打高爾夫球，應該也曾因為隔天要比賽而雀躍地難以入眠吧？

有這種雀躍的心情，就表示潛意識已經接受了這件事。所以當你想做什麼事時，會先在心中開始想像，如果內心深處有「雀躍感」或「興奮感」，就表示你的潛在意識在某種含意下已經接受了，所以你心中會湧現非常大的力量。

但如果你想像自己的願望卻沒有一種「雀躍感」，很遺憾的，這表示你不是真正想實現它。如果是真正的目標，必定會伴隨上述的內在促使，希望大家能明白這一點。沒有內在促使的目標可能不是你真正想做的，也可能是想像力還不夠。

巧妙掌握想像和內在促使的關係，就能在瞬間感受到潛意識是否接受自己的想法。請務必掌握這個想像的訣竅。這也是經驗法則而非理論證明，自己要體會到這股力量才會有意義。

想像力不是特定人物才有的特權。透過訓練來推敲，在自身體內每驗證一次，力量就會持續增強。希望大家不要輕忽體內的想像力，持續鍛鍊它！

37 想像明天

人生是每天的累積。無論你有多大的夢想，今天能做到的事情是有限的，所以要把意識集中在那裡。就算有目標，還是有很多人不知道今天該做什麼而虛度光陰。如此夢想是不會實現的。

因此我想訓練大家想像一下明天，當作上一節的應用篇。

首先在就寢前，先在心中想像一下明天的行程。然後寫出「五件明天自己必須做的重要事情」。接著，在心中明確彩排一次從早到晚的行動。請在心中描繪出，這些重要的事情一一實現後，感到滿足的自己。

這裡的訣竅在於不是想像流程，而是想像完成事情後的樣貌和滿足感，然後依照時間軸讓它浮現出來。

重點是以下三點。第一，讓想像明天成為自己的習慣。這乍看很麻煩，但只要變得跟睡前刷牙一樣理所當然，那就會很順利。當你覺得沒做會很不舒服時，那就OK了。

第二，訂立計畫的訣竅在於不要太勉強自己。完美主義者有一種傾向，會在一天內塞滿許多計畫，然後在無法達成時責備自己。我建議先訂一個比較從容的計畫。

最後也就是第三，就算你的計畫因為諸多緣故而無法完全達成時，也不要放在心上。例如五個目標只做了三個，你要認為「多虧有訂立計畫，所以達成了三個」。這一點也很重要，我們不是在參加忍耐比賽或和他人競爭。

接著在當天晚上，你要心想「今天也是很棒的一天呢」。訣竅在於用某種程度的「隨性」去對應。這麼一來，肯定會有因為訂立了計畫而獲得「美好邂逅」或「意想不到的機會」。如果是這樣就太棒了。「明天會是什麼樣的一天呢……」當你想到這點心情會興奮時，事情就會越來越順利。

來！試著拿起筆，先在筆記本上寫下明天想度過什麼樣的一天吧。

38

模範的精髓

你知道「模範」這個詞嗎？模範就是榜樣的意思。閱讀自我啟發書籍，會看到許多人成功的故事。愛迪生或松下幸之助等偉大先進，因努力而成功的故事常會激勵人心。大聯盟的松井秀喜選手或鈴木一朗選手的努力，也刺激到許多人。

但接觸到這類成功故事後，心中某處會浮現出「跟自己無關」的心情也是事實。還會出現「他們會成功是因為他們很特別」的想法。這樣不管聽多棒的故事，都不太能成為你的力量。

我長年遇過各式各樣的人，發現成功的人都有一個共通點。那就是九十九％都有一個「憧憬的對象」，想變成和他一樣。這個人當然可以是歷史人物，但目前還活著的人當中，是否有人可成為自己人生的模範才是重點。那樣的人如果在身邊，奇妙的是我們的舉止或措辭會逐漸變得像他一樣，而且行動或思考方式也會越來越像。這樣會發生一種波動的轉移，如果你憧憬的人擁有卓越的運氣，該運氣也會轉移到你身上。

幾乎所有的成功者，都有能引導自己身心的人物。或許會有成功人士大發豪語說：「沒人教過我什麼，我是靠自己開拓出道路的。」能這樣斷言的或許是稀世天才，但大多數的情況下，那樣的人會遇到「爬得越高，摔得越痛」的命運。

聽我說到這兒，可能會有人反駁說：「我很難遇到自己能尊敬的模範。」值得尊敬的人的確不是滿街都是。但說實話，如果周圍沒人可成為自己模範，就表示你本身的水準很低。

日本國民教育之父森信三曾說過：「當一個人開始知道世界上有許多優秀的人，就表示那個人的學問終於開始扎根了。」（《一日一語》）這真的是至理名言。

能找到優秀的師傅，是因為弟子有這個能力。這裡說的「模範」，不需要總是和對方一起行動。從前賀茂真淵和本居宣長（兩人皆是江戶時代學者）只碰過一次面，就締結了深厚的師徒誓約，就像這樣把某人當作自己內心的判斷標準。若對方展現了自己未來想成為的模範樣貌，其姿態就會在有形和無形之間影響我們。

請試著在自己身旁尋找能當作模範的人。只要真心希望「找到自己的模範」，那樣的人就會出現。那樣的人出現後，請在內心祈求「想變成跟他一樣」。如果能跟對方建構可親密談話的關係，請坦率地詢問各種問題，或許會得到你意想不到的答案。

我再說一次，「誰已經實現你想達成的目標」，「誰是你想成為的人」。

最後一點，我想告訴大家模範也是會有脫離的一天。有時會一輩子把一個人當作模範而活，但追隨該人物的意志前進，有時可能會出現另一位不同層次且足以成為你模範的人，希望大家能事先理解這一點。

39 目標有期限才會成為真正的目標

觀察能達成目標者和無法達成目標者之間的差異，就會發現兩者有明顯的不同。關鍵在於是否有在目標上設期限。

仔細觀察期限這件事，會發現它也會巧妙地出現在我們的日常生活中。例如，公司會有年度計畫，定期舉行的業務表揚大會也是如此。而鋼琴之類的才藝也一定會有發表會。高中棒球會有甲子園，職業棒球會有職業錦標賽，任何事物都會有一個期限。

這是人類的生活智慧。因為我們要看見終點才會湧現幹勁。當然在工作或興趣上，也常會有樂此不疲而無法決定終點的狀況。這種樂此不疲是終極目標，但仔細觀察會發現，三不五時設定一些小目標會讓人湧現幹勁。

反之，沒有決定「何時結束」就會讓人使不出力。如果你有某項目標，但遲遲無法實現時，希望你能看清自己是否有設定明確的期限。恐怕是期限不夠明確吧？

那只要全部的事情都設一個期限，一切就會一帆風順嗎？事情並非如此，因為人類心中潛藏著「害怕設期限」的心理。

例如，你希望能邂逅絕佳的另一半然後結婚。但如果在這個願望上沒設定期限，就算這兩三年內沒遇到真命天子／女，你都不算「失敗」對吧？但如果下定決心要在「今年內遇見對的人並結婚」，結果卻沒遇到的話，那就會有「唉，果然還是不行」的失望感。

設定目標的期限，換個角度就等於自行承擔「失敗的責任」。所以我們會對設定目標期限感到躊躇。

但依照經驗法則，分期達成目標的做法，會讓人更有能量。看旁邊的插圖可知，幹勁到最後會一口氣提升。因為行動和意識的品質，會因為區分期限而逐漸改變。

幹勁
目標
期限
幹勁
等級
起點
終點
時間

在這裡介紹一個故事。某次，我們進行了研究所的研修項目之一「成功馬拉松」。內容是決定期限實現自己的目標。某位學員立下這樣的目標：「三個月要遇見美妙的伴侶，然後訂婚。」後來，他真的在三個月內遇見命中注定的另一半，然後訂婚了。他先向周圍的人說出自己想婚的願望，然後廣發相親照。接著獲得了幾次介紹，認識了一名相當於叔叔遠親的女性。談話之後，他得知雙方的想法和興趣一致，馬上就情投意合。之後，兩人結婚，現在依舊過著幸福的婚姻生活。

他說：「多虧那時我決心在三個月內找到伴侶，才能有幸福的婚姻。」從他的角度來看，這是因為給自己的目標一個期限，所以才能得到幸福。

說到這裡，你馬上會有這樣的疑問：「他決定好目標，開始找伴侶後碰巧成功了。可是花三個月還是找不到伴侶的人佔壓倒性的多數吧？拿少數的成功案例，我覺得沒有說服力。」

正是如此。說「自己一定要做」，後來事情不是很順利的人應該比較多吧？但這種想法正是束縛我們心靈的一種誤解。

例如以剛才的例子來看，如果他沒下決心在三個月內找到佳偶，周圍的人便不會知道「他是認真在找伴侶」。然後在各種邂逅中，就算三個月內沒遇見美好的另一半，周圍的人還是會介紹好的對象給他。換句話說，立下目標還是有用的。

更進一步來說，在心中決定一個時間所產生的能量真的很驚人。我在個人或團體單元請對方立下目標努力時，就算途中有各種困難，最後學員還是會以驚人的凝聚力成就事物，這樣的情況我看過好多次了。換言之，在期限內說什麼都要達成的幹勁，能夠活化我們的潛力。

希望你可以認真給目標或夢想一個「明確的成功時間」。問題不在於「能否辦到」的可能性，而是「做或不做」。

而決定期限就等於擁有「不怕失敗」的勇氣。擁有這樣的決心時，理當會產生自己也難以相信的力量。請再次玩味「目標要有期限才是目標」這句話！

40 由內而外決定成功

這是柯維博士的《與成功有約：高效能人士的七個習慣》（史蒂芬．柯維／詹姆斯．斯金納）中出現的概念，但不太廣為人知，所以我想介紹一下。聽到「由內而外」（Inside Out）這個詞，高爾夫球玩家應該會覺得是在說揮桿軌道。但這裡完全沒有關係。這裡的意思簡單來說就是：「內側決定外側」。

過去有人問松下幸之助先生成功的祕訣，他如此回答：

「通常人在成功時會覺得是自己有能力，失敗時會覺得是運氣不好。但我是相反過來。事情順利是託世人的福，失敗了是自己沒能力、思慮不周。因為這樣才會成功吧！」

松下先生還提到一點。

「一個人想做某件事時，通常失敗兩三次就會覺得『沒希望』並放棄，但我會嘗試第四次，所以才會成功！」

這兩點如實闡述了由內而外這個想法。

我們在不順遂時，常會怪罪他人或運氣。但當斷定那是自己的錯時，就會湧現智慧和力量。

確實有些事情不順利，是因為錯在他人而不是你。團隊一起工作，有時會因為他人的失誤而導致工作失敗。但你要試著這麼想：如果自己稍微注意一下，或許就能避免他人引發失誤。

這種想法就是由內而外。但你或許會覺得「自己再怎麼努力思考，也無法防止那個失誤」。但仔細想想，你和會犯下那種失誤的人一起工作，是因為自己寡德，這樣來想還是自己有問題。

但這樣的思考方式，恐有招來「一切都是自己不好」這種錯誤的自虐思考之虞。由內而外不是那種負面的思考。反而是更加積極，非常有能量的思考方式，意圖使自己成為周圍環境的創造者。

有句話說「這個宇宙中生命的數量有多少，宇宙的中心就有多少」，這相當有道理，因為對我們來說，宇宙的中心只存在於自己心中。以這一點為核心，意圖讓自身周遭改變的想法，就是由內而外的思考方式。

所以真正領悟由內而外的人，絕對不會謾罵「都是誰誰誰的錯」或抱怨「當時運氣好的話就會更順利」。他的意識只會集中在根本問題上，思考此時此刻該做什麼？極端來說，試著意識「自己是宇宙的創造者」，就會覺得自己有解決問題的力量。

這種由內而外的思考方式，會因為個人的意識等級而有不同層面的樣貌。從單純不怪罪別人這類簡單到更深的水準，層級可說各式各樣，但這種「自己就是周圍環境世界的創造者」的想法，是非常強而有力的思考，能夠拓展你的可能性。

即便你現在有某種問題，你都要覺得「自己心中肯定有解決該問題的能力」，然後試著付諸行動。如此在經歷千辛萬苦後，肯定能找到解答！

41 跟十年後的自己握手

自己現在為什麼在這裡？那是因為你十年前的判斷、決定和行動，造就了現在的你。請試著回想十年前的自己。

當時你在想什麼？又採取了什麼行動？仔細觀察，應該會明白其中有各種人生的種子，最終連結到現在。「啊，當時在派對上跟一個人認識聊天後，我的人生就改變了」、「當時自己立下的目標，現在開花結果了呢！」等，總之，你應該會實際感受到人生有時間性的連結，而且有很多微不足道的小事，可能會對今後的人生造成很大的影響。

既然如此，可以說十年後的你，是此時此刻所累積下來的。你的人生就像編織物一樣，一個個現象交疊，會越過長長的時間河流，逐漸出現在現實中。

設計人生的課程中，有「跟十年後的自己對話」這個單元。進行時會先請學員閉上雙眼，然後慢慢深呼吸並在心中數數。接著，閉著眼想像眼前有一扇門。那扇門會開啟，有人從那裡走向自己。那個人就是「十年後的你」，再來就是和他對話。

十年後的你會向現在的你這麼說：「多虧你在十年前勾勒了自己卓越的未來樣貌，現在的我才能像這樣度過有價值的人生，謝謝你。」接著他會具體告訴你，自己現在過著什麼樣的生活。

此時的重點在於，讓十年後的你「暢所欲言」。換言之，現在的你不要用「說和做是兩回事」或「那種事不可能的」等言語來束縛十年後的你，應該要讓他說出真正的心願。

跟十年後的你促膝長談後，你要實際伸出右手，確實和未來的你握手。接著他（她）看似很滿足地回去了。

這是頗有魅力的一個單元。我自己也很常這麼做，如此，會很清楚該引領自己的人生往哪個方向前進。因為志向歸志向，還是要看你實際是以什麼姿態活著。這不用頻繁進行，心血來潮時嘗試一下，就會有意想不到的發現。

偶爾試著和十年後的你對話吧！

42 思考共時性（有意義的巧合）

你知道「共時性」（synchronicity）這個名詞嗎？這是心理學家榮格提出的理論，一言蔽之就是「不可思議的巧合」。

例如俗話說：「說曹操，曹操到」，在說某人壞話時那個人剛好出現在眼前，或是在想「那個人現在在做什麼？」時，對方突然打電話過來等，大部分的人都有過這種體驗吧？或當你有各種煩惱不知該如何是好時，不經意翻開一本書的某頁，碰巧驚見能為自己解惑的訊息等，似乎不少人都有過這種經驗。

我聽過這樣的故事。據說從前作家遠藤周作訪問倫敦想研究文豪格雷安．葛林時，結果在旅館的電梯內巧遇到格雷安．葛林本人而大吃一驚。這種事情發生的機率肯定接近零。

這件事情的確能歸納為「偶然」，但也能認為是遠藤的意念傳達到格雷安．葛林身上，所以才會觸發那樣的邂逅。

我透過仔細觀察人類，得到了一個結論：這類不可思議的巧合絕對無法避免。這個說法一不小心可能會被誤解是怪力亂神，所以要多加留意，不過其實這種共時性發生得非常頻繁，同時在人生中也具有很深的意義。

我們已知人類意識中有包含顯在意識在內的潛意識，證明這一點的是西格蒙德．佛洛伊德。他研究精神疾病患者的心靈，發現隱藏在普通意識下的意識會支配一個人的人生。猶如冰山一角露出海面，但海面下其實隱藏了九倍大的冰山，佛洛伊德證明了人類意識有很深的黑暗面。

這一點沒錯，本書在某種層面中，也是在談論如何與自己的潛意識相處或活化潛力。這一點在科學上已經獲得佛洛伊德的證明，但佛教的唯識哲學早在兩千年前，就已經縝密地談論過人類的潛意識層，讓人感到驚訝。

但人類的潛意識或下意識，只會出現在個人的腦中嗎？這點科學尚未證明。榮格觀察人類的意識，最後認為有一種更大且超越個體的意識。研究世界各民族的神話與夢境，會注意到主題一直在重複。換言之，人類的意識是超越個體相連的，榮格將此稱為集體潛意識。

而在現實世界中，此集體潛意識似乎分成了好幾層。例如最靠近我們的是家庭意識。關係非常好的親子，就算相隔兩地心靈也能相通。在戰爭中常會聽到這樣的故事，母親在洗衣服突然聽見兒子喊「我回來了」，但走到玄關一看卻沒半個人，後來才知道自己的兒子剛好在那個時刻戰死沙場。現代社會的家庭關係比較不緊密，心靈不通的親子不在少數，但雙親還是能馬上感應到小孩的狀態。

另外還有同伴意識，一起用心工作時，就會產生集體潛意識。當雙方有默契時，自己的一個小動作都可以讓對方徹底發揮。

還有民族的集體潛意識。觀察一個國家的興亡，確實能看到民族性的集體潛意識在相互交戰或融合。而在那背後還有人類的集體潛意識。

要到達人類的集體潛意識或許很困難。但，生活中發生的事情會讓人感受到它的存在。當你認真祈願時，其內容會透過集體潛意識影響他人，最後帶來意想不到的機會或邂逅。

有一次，我從京瓷（京セラ）的稻盛和夫名譽會長那裡聽到了這番話：

「我參加學生時代的同學會跟朋友在聊天時，不同班的同學剛好來附近取餐。在學生時代，我們幾乎沒聊過天，但交換名片之後，沒想到我正在努力推動的事業，他現在的工作正好能幫上忙。你可以把這當作偶然，也可以當作是我的意念透過潛意識影響了那位朋友，要怎麼想是個人的自由。但意念相通的人才能成事！」

一般認為的成功人士都體驗過這種「不可思議的巧合」，然後不知道為什麼，那個人就剛好出現在那個時間點，然後發生那件事情。可以說不可思議的巧合如果沒發生，事情就不會實現！換句話說，我們能做的就是認真祈願某件事，然後交給共時性去處理。

其實只要此共時性的迴路完成，事情就會開始在最佳時機接連發生。即便當下覺得對自己是負面的事物，後來仔細想想，就會明白是有其意義的。換句話說，我們在心中認真祈願，該內容就會到達潛意識的領域，甚至影響到他人的意識，引領事物邁向成功。細心觀察發生在自己身上的事情，便會覺得事情是發生在「最佳時間點」。

但是，就算你的人生頻繁出現美妙的「巧合」，你也不能覺得那是理所當然。

要是該「不可思議的巧合」為你的人生帶來了某種禮物，你應該抱著「這真是不可思議且難能可貴」的心情，去感謝每一次的邂逅。如此這類有意義的巧合就會在人生中頻繁出現，引領你往好的方向前進。

請試著關注「不可思議的巧合」吧！

第 5 章

從根本改變你的每日心得

43 純真才是力量

人類都有自私的地方，想要自己得到好處。「想吃好吃的東西」、「想住大房子」、「想賺錢」等等。只要我們生為動物，就無法避免這些欲望。但只想自己得到好處，到頭來反而會一場空。

就像把一個裝滿水的盆子用力拉向自己一樣，水反而會往另一邊濺出，當自己想得到好處時，好處反而會跑到其他人身上。

觀察人類的行動會發現，當一個人動身做一件事時，裡頭其實混合了複雜的欲望。例如在外工作的人，當然會想藉由工作得到溫飽，但也可能是因為在工作中感受到人生的意義，又或許是為了享受和同事的團隊合作，或是跟客人談話感覺很開心，抑或是透過那份工作能夠讓他人認同「自己是有能力的人」。總之進行一件事情時，內心會有各種想法交錯。

我曾經從某位著名的畫家那裡，聽到這樣的話語：

「真正畫出卓越畫作得到世界認同的，不是那種一心想成為一流畫家的人，反而是那種在超市傳單背面或任何地方，只要有空間就會到處畫畫，而且能從中感受到人生意義的人，才會被世界認同。」

我聽了恍然大悟。所謂的純真，並不是指「為了世人而犧牲自己」這種刻板的東西，而是發自內心的那種「欲罷不能的行動」。我們從小就相當壓抑這種欲罷不能的心理。不會有小孩會表露「欲罷不能」的心態去參加考試吧？我們總是被迫覺得壓抑自己真正想做的事情，才是真正的大人。

但請不要誤會。這和每天無所事事、遊手好閒度日，然後說「我在做自己想做的事情」是完全不同層次的東西。的確，遊玩度日會很開心。但人類心中其實很清楚——這麼做「總覺得有點空虛」。

一旦我們的心靈抵達到「純真層級」後，它會無時無刻支配我們的心靈。換句話說，就是被那件事「附身」的狀態。此時，我們會開始體驗到一種無比的幸福。

一個人不管多有錢，很遺憾都得不到這種幸福。如果你在工作或興趣上，遇到一件會讓你廢寢忘食的事情，你可以當作那就是通往「純真層級」的入口。

但這種意識上的「純真層級」，有時在不道德的事情上也會以同樣的表徵出現，所以必須多加留意。在擁有真正力量的「純真層級」下的意識或行動，當然會讓你非常愉快，但同時也會給予其他人美妙的喜悅。

請試著觀察在每天的工作或興趣中，自己是以哪種意識層級在工作。如果你是以純真層級在工作，那會是一件幸福的事。但如果不是，而是「不得不工作」的層級，屆時請仔細觀察該如何才能在工作中進入「純真層級」。如果你的周圍有以「純真層級」在工作的人，請仔細觀察對方看看。他的思考方式和行動肯定不同於你。然後試著把對方當模範，就會明白該如何做才能讓你的內心達到「純真層級」。

此外透過那樣的觀察，如果發現自己在別的工作上能達到「純真層級」時，或許可以考慮換工作。

關鍵在於「越純真的人越有能力」。

44 「集中」和「放鬆」是成功的關鍵

我們在祈願某件事時，會拚命地「想成功、想成功」！想得到某樣東西時也一樣。強烈祈願使其進入潛意識很重要，總之必須拚命努力才行。在這種情況下，應該說是創造一種意識的氣囊吧？不過暫時讓自己忘記那件事也很重要。

常會聽到一些偉大的學者，在拚命思考時很難出現好的靈感，但當心情放鬆的瞬間，內心就會頓時浮現出一個鮮明的答案。這其實不是什麼稀奇的事情。

我們拚命祈願某件事卻一直都沒有回應時，可暫時抱著「隨波逐流」的心情，願望有時會以意想不到的方式實現。這種精神上的「集中」和「放鬆」的平衡很重要。如果你現在拚命努力卻一直沒有成果，那可能是因為精神過度緊張所致，希望你能明白這一點。運動時也常會說「身體要放鬆別太用力」，如果做得到就能使出真正的力量。這點當然能套用在所有的事情上。

但此處的重點在於，真正的放鬆是因為有「集中」。少了集中的放鬆毫無意義。運動也是一樣的，故意讓肌肉僵硬後放鬆，才能體驗到真正的「放鬆」。

因此，徹底集中思考到頭快爆炸的地步很重要。少了精神的集中就無法得到最棒的直覺。

談論松下幸之助先生時常會提到「直覺經營」，但背後其實存在著徹底思考所有事物的思考行為，希望大家能明白這點。

45 走投無路時暫停所有的活動

我們的人生中，真的會有不管怎麼做都適得其反、最終束手無策的時候。用占卜來說，就像是天中殺（空亡）吧？也就是「屋漏偏逢連夜雨」。這時我們會手忙腳亂，拿出各種對策。但越處理，狀況反而越糟糕。這時不管是工作還是家人的事，你都要試著暫時不去想。

就像溺水的人越掙扎越是往下沉一樣，越是採取對策，狀況就越糟糕。請放棄掙扎，試著放鬆自己，讓自己浮出水面吧！狀況真的會就此好轉。

我幫許多人諮詢後明白了一點，人的一生真的會有「剛被公司開除，家人就生病，家裡還被小偷光顧」這種被倒楣神盯上的瞬間。這時如果不慎迷上奇怪的新興宗教，就會讓狀況變得更糟糕。最好的方法是暫時放棄所有的掙扎，然後努力玩味這個瞬間。

因為，至少我們現在還活著，所以應該要把上廁所、吃飯或洗臉這類稀鬆平常的事情，當作是寶貴的事情去感謝和玩味。

如此，就會開始感覺我們一直在說「糟了！糟了！」的事情，其實並沒有那麼糟糕。然後在心中以「這樣就好」的心態，接受眼前發生的事，奇妙的是，真的就會在不經意之間，發現解決現有問題的線索。

接著，會更進一步明白心中覺得「走投無路」的事情，其實是一種超乎邏輯的新訊息。

尺蠖蜷曲身體是為了往前移動，這真的是至理名言。但這是坦然接受苦難的人，才能感受到的世界。

如果你現在掉入人生的坑洞中，請暫時放棄掙扎，試著浮起來！這將會是最棒的解決開端。

46

知曉自己的生理週期

如果人類的精神會影響肉體是事實，那肉體會給予精神很大的影響也是事實。也有某種情緒會循環發生的狀況，例如「躁鬱症」。這種狀況就必須接受醫師的診治。即便是人類的精神活動，也能用藥物進行充分的治療。

俗話說「病由心生」，反之身體不適也會使心情變調。有不少女性在生理期前或生理期間，精神狀態會十分不穩定。可能會因平常微不足道的小事而受傷，讓憂鬱的心情支配心靈。但如果放著糟糕的心情不管，精神上的打擊就會不斷累積。

我本身在一年當中，也有精神狀況絕佳和不佳的時候。甚至在一個月內、一週內、一天內也會有這樣的狀況。觀察自己心情等級，大概會知道像是「今天心情不好，不過很快就會好轉」等狀況。

這麼一來，狀況很快就能恢復。就像在滑雪一樣，眼前突然出現一個陡坡會嚇一跳，但當你知道「馬上就要遇到陡坡」時，就能有心理準備。

我會請自覺情緒不穩定的人寫生理週期日記。也就是早、午、晚用○、╳、△記錄「今天心情的好壞」。這樣就能明白自己的精神軌跡的走向，或是受到何種外部刺激才會變成╳的精神狀態，以及平常是怎麼排解的？

知曉週期後，就會益發擅長和自己的感情打交道。如此一來，就會形成一種迴路，讓原本會長時間持續、且帶來巨大影響的╳精神狀態，變得不太受影響且恢復得相當快速。

大家可能認為感情是無法控制，但這是錯誤的。我在掌握自身的生理週期後，感覺到情緒的穩定性有飛躍性的提升。

當然受到過度的精神打擊時，可能很難如願恢復；但知道自己精神狀態的變化，在精神活動上會非常有效，這一點是我想告訴大家的。

47

「無邪念接受」是幸福的門扉

本書不斷提及「給予」的重要性，利他精神其實會引領自己得到幸福。聖經的黃金律也告訴我們說「你們希望別人怎麼對待你們，你們也要照樣去做」。但其實真正能得到幸福的是「給予」的同時，又能無邪念地「接受」的人。

有人拼了命為別人而活，覺得人類不付出就沒有活著的價值，同時也極度討厭別人為他付出。

像是「我不想麻煩別人」、「我想要永遠當付出的一方」或「我不想給對方添麻煩」等想法。

的確，這種思考方式在某種意義上是很寶貴的！但那種思考方式根本大錯特錯。因為我們只要活著，不管如何不願意，「接受的」肯定比「給予的」還要多更多。

「自己絕對不要麻煩他人，要永遠當一個照顧他人的人。」說這種話的人，才是真正不幸的人。但這種人因為深信自己是「為他人付出的人」所以才麻煩。然後在覺得「自己在做好事」的意識下，會讓人有不好的回憶，或是沒注意到其實自己被人討厭著。

事業成功或幸福的人有一個共通點，就是擁有能「純真地接受」的心。福氣會逐漸聚集在這些人身邊。

我們的人生不管如何努力，「給予的」和「接受的」相比，肯定是接受的比較多，所以，不如說聲：「不好意思」，然後「喜悅地接受」。

如此一來，就算拚命「給予」收支也不會因此而平衡，所以會觸動正面循環，讓人越來越想付出。

假設你收到他人的禮物覺得非常開心，那種開心的心情也會為對方帶來絕佳的喜悅。所以從他人那裡得到什麼時，心中不要有「得到這種東西也沒用」或「今後又必須回禮」的想法，當下就直率地開心「接受」吧！這是最重要的事情。

能做到這點的人會得到更多，甚至很快將抵達幸福的門扉。

48 傾聽如鏡

常會聽到有人「擅長傾聽」，但其實這是相當困難的。只是默默聽話就是擅長傾聽嗎？其實並不是這樣的。對方要在心中感覺到「有人正在仔細傾聽我的話」，「聽」這個行為才算完成。

但這其實很難做到。觀察人類的對話會發現，人的內心會一直很想講自己的事情，無法「直率」傾聽對方的話語。但當一個人心中覺得「對方傾聽了我的話」後，就會敞開心胸，感覺和對方之間產生了牽絆。這正是人際關係的第一步。

沒錯，「傾聽」在我們的人生中是一種非常重要的行為，但很遺憾，因為太過稀鬆平常，所以我們不曾認真去思考過。甚至還覺得自己已經很努力在跟他人溝通，結果搞砸了人際關係。如果我們能「傾聽如鏡」，人際關係就會真正變得富裕。

那「傾聽如鏡」是什麼意思呢？其實不進行溝通訓練的話，很難體會其中的含意。總之就是像一面鏡子反應對方的想法，然後進行對話。

例如某人跟你說「我昨天只睡四個小時，現在好睏喔！」，你可以做出以下幾種對應：

「怎麼了？」、「我昨天也只睡三個小時！」、「我昨天睡得很飽呢！」、「啊，是喔？」、「去洗把臉如何？」、「別說那種話，好好工作好嗎？」、「還好吧？」、「充足的睡眠對健康最好！」、「人類只要經過訓練，聽說每天睡三、四個小時就夠了」。

實際上，這個問題的回答有好幾種，每個都是「正確的」。但他想要的不是你的健康教學或斥責，只是想告訴你「昨天只睡四個小時，所以很睏！」這個訊息，我們只要如實接收下就好。

換句話說，標準的回答方式是：「你昨天只睡四個小時嗎？那肯定現在很想睡覺吧！」不需要一字不漏地照我說的去做，只要像這樣直接反射對方想傳達的意圖，對方在心中就會得到對話的滿足。

「傾聽如鏡」不是指無條件「同意」對方。總之就是反應對方的心。如果再往上提升一個階段，當小孩自身的意志不明確時，雙親還能藉此由傾聽給予輪廓，上司也能用這招聽取下屬真正的意圖。在那個瞬間，雙方的心靈會相通。

我在實踐當中把「傾聽如鏡」稱為「鏡聽」（Mirror hearing），可以把它當作坊間「主動傾聽」或「積極傾聽」的同義語。

或許會有很多人批評說：「專程做那種傾聽訓練，感覺好假。」我自己本身也親耳聽到有人說過類似的話。的確在對話中，要像解方程式一樣，預先決定好說話方式會很困難。因為對話是自由的。但實在有太多人無視對話中的人類心理原則，導致人際關係變得不協調。

領會「鏡聽」的原理，進到應用篇之後，會不斷出現卓越的成果，這會讓你覺得有值得研究看看的價值。

不妨這麼說吧，該如何對應人類心中「希望有人能理解自己」這種無止境的要求，會決定你的人際關係、甚至是人生的富裕程度。請務必觀察一下你周遭的人是如何對話？肯定會有有趣的發現。

49 打開盲目之窗

俗話說「世無完人」、「見不賢，內自省也」，我們很清楚他人，卻不是很理解自己。

心理學家哈里・英格姆（Harry Ingham）和約瑟夫・盧弗特（Joseph Luft）說「人類的心中有四道窗」。其中必須特別注意的是「盲目之窗」（盲目我）的存在。這是指自己不知道而別人卻知道的部分，是非常麻煩的地方。

我們會非常在意他人的口臭，但卻完全感覺不到自己的口臭。不管再怎麼讓對方感到不愉快，如果自己沒注意到，狀況就無法改善。當一個人感覺到自己有「不太妙的缺點」時，才有可能去修正。但因為本人完全沒注意到問題，所以無從改善起。

這是某個業務的故事。他本人非常拚命努力，但業績卻完全沒有提升。理由只有一個，因為他在別人眼中相當傲慢。客戶明白他的熱情，但過度的熱情看起來像在吹噓自己的知識一般。周圍的人都知道，而且在私底下會說：「他看起來好高傲。」

不知道的只有他本人。某次我提醒他說：「我不知道你怎麼想，但在別人眼中你看起來很高傲哦！」剛開始他也極力辯解，但很快就發現了許多徵兆。最後他直率地接受了我的提醒說：「謝謝你。我至今都不知道。」

在那之後，他會老實地詢問別人有關自己的缺點，然後改正自己的行動。於是他的業績蒸蒸日上，現在已經擠入頂尖銷售員的行列。

我們會有一個自我概念，也就是自己認為的自己，以為「我就是這樣的人」。但我們在他人眼中的樣貌，卻是完全不同的，也就是跟自我認知會有差異。你身邊的人所認識的你，如果和你自認為的你有差異的話，也許日常生活就會發生問題，或是無法完成自己想做的事情，抑或無法和他人進行良好的溝通。

正如前述，你沒必要看人臉色過活。但聽取對方眼中的自己是可以作為參考，而且會有意外的發現。

人類學的單元中，有一個部分是去找七個人以上，詢問他們有關自己的優點和缺點，以明白他人是怎麼看待自己。如此真的會有許多發現。自己原本以為很好的地方，反而會給他人添麻煩，或平常不經意的行為，反而會讓他人有好感……等。

像這樣，他人對自己的評論稱為「回饋」，但你也會聽見和自我認知不同的內容，所以有時會生氣、想反駁說：「你自己不也一樣！」；或想找理由說明。但姑且不論他人的評論是否正確，總之對方這樣看你是事實，你要接受那個事實。

得到回饋時，在心態上有四個重點。第一，不反駁回饋自己的人。第二，總之就是感謝對方。第三，要有不管得到哪種回饋，都不沮喪的決心。第四，最後該如何活用該回饋是你的自由。

從他人那裡聽取回饋時，不需要太過一本正經。當你想做某件事時，只要以誠摯的態度去問對方「你怎麼想？」即可。

松下幸之助先生說過，凝聚眾人智慧的重要性。一個人不論如何優秀，在自己的事情或從事的事業上，都不會是萬能的。從他人那裡得到的話語中，隱藏著認識自身錯誤或發現新事物的提示。這個真理與知識多寡、年齡或地位的高低完全無關。

我自己在拓展事業時，會盡量聽取同伴的意見。這麼一來，肯定會出現我不曾想過的觀點。此時，要注意：絕對不能擺出「你是我的下屬別這麼臭屁！」或是「那種事情我早就知道了！」之類的態度。要對長輩或地位高於自己的人說一些不太中聽的話，其實是需要相當的勇氣。如果你大喝一聲：「你別在那邊不懂裝懂！」該名下屬今後永遠不會再提出任何意見。所以就算他說的話不中肯，或是無視於自己的存在，你還是應該試著傾聽，然後懷著感謝的心說：「你的意見很棒，謝謝你！」如此就會得到更多更好的資訊。

最後希望大家不要誤會，開啟盲目之窗，不等於要看他人的臉色、或被別人的意見左右而活。主體始終是自己本身。所以極端一點來看，就算無視那些回饋也無妨。重要的是能用更客觀的角度來注視自己的存在。那種客觀性中，肯定潛藏著某些活躍性的提示。

「想請問一下，你覺得我的優點和缺點是什麼？」現在試著這樣問問你眼前的人，或許會得到讓你驚訝的答案呢。

盲目之窗

50

「尊敬心」和「歧視心」

歧視他人，是心理作用中最醜陋的一件事。小至對方的家世、學歷、貧富差距，大至民族不同而去歧視對方，實在是一件低俗的事情。歧視有分明確表露和看不見的。看不見的歧視是指，遇見對自己有好處或地位高的人就卑躬屈膝，反之態度就不禮貌且蠻橫的行為。

態度因人而異，似乎欠缺為人該有的品格。有些人在國會議員或偉大的經營人面前會滿臉笑容地宣傳自己，等對方離開後便立刻露出蠻橫的言行舉止，看到這種情況會讓人有「看見噁心東西」的感覺。

某位著名的經營顧問曾告訴我一件非常有趣的事。他身邊常會有許多來自日本各地的經營者前來諮詢，該名經營者的事業是否會成功，只要問這位顧問的祕書，幾乎百分之百會中。

當祕書說：「那個人不行」時，就算對方體型富貴且看似會成功，到頭來都會以失敗收場。重點在於，會失敗的人對顧問和對祕書的態度是天差地遠。換句話說，對方的內心已經展現在一舉手一投足上。我聽了覺得很有道理。

我所主導的智庫「日本政策新天地」的最高顧問，京瓷（京セラ）的稻盛和夫名譽會長第一次拜訪我們事務所時，因為他的地位非常崇高，所以全體職員戰戰兢兢地迎接了他。長達三個小時的討論結束，到了他要離開的時間。在離開前，稻盛名譽會長走到負責倒茶和咖啡的職員身邊，專程叫了他的名字並深深低頭感謝說：「今天實在太麻煩你了，非常感謝。」

辦公室的人非常感動不用說，我看到那幅光景也強烈感受到，身為一個領導者應該採取何種態度。用嘴巴說，很簡單，但實際上卻是很難做到的。

同時，跟一個人對話時，也可以強烈感受到對方的品格，不少人在和人應對上，會因為這個人是否在眼前而採取不同的態度。

本人在眼前時，會用「〇〇老師」或「〇〇社長」等語詞，非常尊敬對方，但本人不在時，就直呼名諱，更過分的甚至會用「那傢伙」來稱呼。不管本人是否在眼前，都能用同樣的態度應對的人，才是真正有品格的人。這樣的人才能建構真正良好的人際關係。

當表裡不一的人出現在眼前，無論他如何誇獎自己，你都會潛意識地認為：「不知道這個人在背後會怎麼說我？」所以會不信任他。

當然，就算不是差別化待遇，我們在跟人打交道時，自然也會有輕重之分，所以不是要你平等對應所有的人。基本上，只要和自己喜歡的人來往，就沒問題。

但重要的是，對待一個人，在原則上應該抱持互相「尊敬的心」，能做到這一點的人會得到不可動搖的運氣。

51 創造一個忠誠的協助者是成功的祕訣

我在企業經營、NPO活動或政治活動等各種場面，看過無數次的「成功」和「失敗」。而成功和失敗的分歧，似乎有一個很大的原則。

那就是一個事業要成功，肯定會有「一個熱心的協助者」。

這個意思是說，當你要開始做某件事時，會找許多人商量吧？然後，大家會思考許多事。

如：「贊成這個人說的話，有什麼好處？」、「這個人的事業成功率有多少？」、「失敗了該怎麼辦？」、「這件事好麻煩！」、「拒絕的話，搞不好會破壞人際關係」等。

他們每個人都帶著各自想法，附和你的提議。在這種情況下答應幫助你的人，當他們發現苗頭不對時，就會立刻抽手，或者是開始批評你。

而熱心的協助者是指「不管發生什麼事，都願意賭你是可以達成夢想或目標的人！」。我再說一次，是「不管發生什麼事」。要找到這種人不知道有多困難啊！但只要有這樣一個人在你身邊，力量就會強過好幾百個像浮雲一樣不可靠的協助者。那個人完全不需要有地位、金錢或許多人脈。條件只有一個，就是「不管發生什麼事都愛慕你，衷心為實現你的夢想而賭上性命」。

有那樣的人存在，你和他的關係會產生出無窮的力量，遠遠超過一加一等於二這種加法計算。隨便找一百位協助者，那股力量也只有一百。不對，有時大家的利己想法會互相碰撞，結果只剩八十或五十，甚至會變成負數。能否找到願意熱心幫助你的人，可以說是完全取決於你的志向或品德的高低。

如果你想開始做某件事，能否找到一名熱心的協助者，是一切的關鍵。

你現在想做某件事時，對你來說，這名熱心的協助者會是誰呢？他說不定是你的家人，又或許是朋友。總之，當周圍的所有人都反對、甚至連你自己都想放棄時，他都還願意鼓勵你，協助你實現夢想。

請祈求自己能遇見那名熱心的協助者吧！

52 跳脫「我是對的」和「你是錯的」

我們會從自己的立場看事物。而且我們總是在心中這麼吶喊著：

「我是對的」而「你是錯的」。

這不是在法庭或選戰中才會相互碰撞的內心糾葛，在親子、夫婦或好友之間也會產生這種感覺。這種感覺只要一出現就很難消弭，然後讓我們產生頑固不願對話的心。

我們總是會在內心叫喊：

「聽我說的話。」

但仔細想想，我們到目前為止，別人說的話又聽進去了多少？幾乎所有人對他人說的話，都是表面贊同，卻沒聽從吧！如果真的希望建構良好的人際關係，反過來說，應該深深了解到「別人的行為絕對不會如自己所願」。然後，徹底明白他人的想法和自己不同。這麼一來會發生什麼事呢？我們心中「我是對的」、「你是錯的」、「希望對方的行動如自己所願」的想法便會消失。

反過來說，一個人要照你的想法行動，才會開始認為你是正確的。

為什麼會這樣呢？只能說對方要感受到你想法的微妙之處，才能理解，不過這就是所謂的胸襟廣闊或有容乃大吧！這是需要包容力而非露骨的正義。「我是對的，所以你應該聽我的」是一種傲慢，絕對無法影響他人。究竟有多少人不懂這個道理，只會主張自己的正義，然後沒人理睬又惹人厭，最後滿腹牢騷呢？

這絕對不是要你對社會的不公不義睜一隻眼、閉一隻眼。抱著正義的心去行動，藉此導正社會上的不公不義是很重要的。為了維持正義的真正的力量，應該包容乍看不正當的事或沒道理的事中所包含的「道理」，然後貫徹自己的想法，才能發揮真正的力量。

你越是對「某件事」或「某人」，覺得「這樣不行」，就越是需要暫時離開「我是對的」而「你是錯的」的邏輯，然後試著拓展自己的想法。或許會創造出不同於以往的狀況。

53 心中無私時能看見真實

我們在行動時，總是會思考：「該怎麼做才能讓自己有好處呢？」只要活著的一天，這是理所當然的。但難就難在這裡，任何事情只要考慮到自己，就一定會做出錯誤的判斷。

西鄉隆盛在《西鄉南洲遺訓》中寫道：「僅無私者能成天下大事。」松下幸之助先生也說：「不去思考自己的好處時，才能發揮坦率的心。」因此，無私才是一個人最真實的樣貌。

無私的精神不是犧牲自我，也不是忍耐。去除「私心」，用極端的詞彙來表示的話，就等於擁有「神之眼」。

這不是一件容易的事，松下先生曾笑著說：「連續三十年想著要變坦率、要變坦率，就會抵達坦率的初段境界。然後會看清楚事物的真實樣貌。這種能力提升到二段、三段，如果達到五段就是神明了。」可見坦率和無私的精神在本質上是相連的。

而如果能到無私的境界，就會得到一股力量，讓事情一切順利，困難也會立刻迎刃而解。這是執著一切的反其道而行，如此反而才能獲得一切。

第 6 章

為了活在當下並實現夢想

54

嘗試從死亡邊緣觀看人生

某次，我上了一個奇妙的課程，主導者是大學醫學系的教授，要我們在想像的世界中嘗試死亡。話雖如此，也不是要做什麼特別的事情，只是聽從旁白，假設自己罹患了「癌症」，在面對死亡的同時，試著審視人生的生與死。

這不是一個會讓人有好心情的課程。想像自己有如被軟刀子殺害逐漸死去的過程，接連放棄自己一直很重視的「人」、「事」、「物」，這可讓人受不了。越是認真想像，心中的糾葛就會越強烈。

這個課程只是想像，但每個人遲早會迎接死亡，所以感覺很真實。我們能體驗一個人的死亡，但意識構造上無法體驗自己的死亡，因為在內心某處會覺得「自己不會死吧」。但只要試著睜開雙眼注視，就會逐漸明白許多事情。

明白什麼呢？你會注意到自己覺得「重要」的事物大多不重要，或是發現至今輕視的事物中隱藏著無可取代的價值。

領先他人一步，有什麼意義呢？

社會上有「勝利組」和「失敗組」等，促使我們進行新的競爭，但我們想要的真的是「勝利」嗎？以我們最終一定會離開人世間的軀體為前提，觀察事物時便會發現眼下應該做什麼了，或是會發現還有更多事物必須去品嘗。

請試著感受一下自己死後的世界。在那一刻，我們會留下哪種存在過的軌跡。不，應該反過來問，是什麼東西沒留下來。

試著這麼想時，我們的人生是否會帶有不同的色彩？包含自己在內的所有一切都會流轉消逝，新的一批人會創造全新的世界，不會再有人回想起此刻活著的所有人（包含自己在內），想到這樣的時代遲早會到來，就能得到一種無法言喻的放鬆感，以及能坦然朝自己所想事物前進的勇氣。因為我們現在的煩惱，在一百年後肯定已消失無蹤，我們怨恨的人也會從這個世界消失。

一切都會逐漸回歸虛無，這對我們而言是活下去的福音，這麼想的人只有我嗎？

55

由衷感到孤獨時會產生真正的牽絆

人類害怕孤獨。

過去我曾參加在某心理治療內科舉辦的凝視自我概念的課程。課程會兩人一組，持續兩到三分鐘彼此詢問「你是誰？」。

跟我同組的是一名年近七十歲的女性長輩。剛開始我們先從說自己的名字和住哪裡這類的閒聊開始，但不知是我第幾次問「你是誰？」時，那位長輩突然回答說「我是一無是處的孤獨老人」並潸然淚下。這是這位今天一整天都開朗聊天的這位女性心中的吶喊吧！

我們一個人時會感到孤獨。但很多人在一起時，有時也會感受到孤獨。此外，跟親密的人在一起，感覺到「啊，這個人完全不懂我」時，也會感受到孤獨。人類真的無法忍受孤獨。女高中生一直在用手機聊天，也是因為一個人很難受。但人類不會因為跟某人在一起，就得到心靈上的滿足。

那該怎麼做才好呢？希望大家能由衷明白，對我們來說，人類是一種多麼「孤獨的存在」。明白這點後才能看見與他人之間的牽絆，這麼說一點都不為過。

因為人類的幸福和孤獨有很密切的關係。

56

知曉人類曼荼羅

大家知道「曼荼羅」嗎？這是佛教世界中，呈現佛與宇宙構造之物。中央坐鎮了世界之主大日如來，周圍則有多尊佛祖圍繞。

那人類曼荼羅又是指什麼呢？就是把自己當作大日如來，試著將圍繞在你周圍的人變成一幅巨大畫卷來思考。如此就會發現許多有趣的事情。

假設有一個人，這個人對你來說很重要，這時，肯定會有某人製造了讓你遇見那個人的契機。也就是邂逅的邱比特。那名邱比特可能是刻意介紹你們兩人認識，也可能是你剛好在他舉辦的派對上認識了對方。總之如果少了他製造「緣分」，你就不會遇見那位重要的人。

假設讓你和重要的人相遇的是A，仔細觀察A會發現，是B讓你有緣遇見A。再進一步往下追是C讓你有緣遇見B，就這樣逐漸追尋「緣分」的聯繫後，便會發現有趣的結果。亦即一個邂逅的背後，隱藏了許多邂逅和人物。其中有對你來說，也許是不太重要的人，或是因吵架而鬧翻的人。但結論上，他們都為你帶來了美妙的邂逅。

如此來想，便會發現「美妙的邂逅」和「微不足道的邂逅」對我們來說，都是無可替代的。請務必嘗試一次，拿你「重要的人」當作題材研究看看，肯定會有許多有趣的發現。

接著，在研究這個人類曼荼羅時，你會發現每個邂逅都有一個「源頭人物」。這個人稱為「貴人」，珍惜這個貴人，你的運氣肯定會提升。因為貴人對你來說，是福神。對你來說，那個人是誰呢？請仔細觀察看看。有時，我們意想不到的人物其實就是貴人。

我來傳授一個能和他人產生美好緣分的訣竅。那就是對製造邂逅機會的人，一定要表達「謝意」。假如有人介紹了你認識某人，你應該確實地感謝他說：「多虧有你，我才能遇見這麼棒的人，謝謝你。」

即便是剛好在派對上認識的也一樣。不用說，當你因此而獲得某種好處時，更應該確實傳達感謝的心情。其實這點非常容易被忽略。如此會讓人覺得「你不知感恩」！讓難得關照我們的人因此中斷人類曼荼羅的能量。這是不經意犯下的錯誤，必須小心留意。

傳達這種感謝的心情，不需要送對方什麼高價的物品或金錢。只是看你願不願意打通三十秒的電話感謝對方罷了。當你對邂逅展現出感謝的心情，對方的內心肯定會得到滿足，然後想「再介紹其他不錯的人給你」，如此你的人類曼荼羅就會逐漸綻放光芒。

剛開始你多少會嫌麻煩，但意識到這一點去進行，今後就會變成一種自主性的行為。如此一來，不感謝反而會覺得不舒服。屆時你周圍的人際關係，就會開始善人吸引善人的「良緣循環」。人與人的邂逅可說是命運，但能夠吸引好的邂逅，是因為這小小的用心，這點肯定錯不了。

你的人類曼荼羅現在是什麼結構呢？試著檢查看看應該會很有趣。

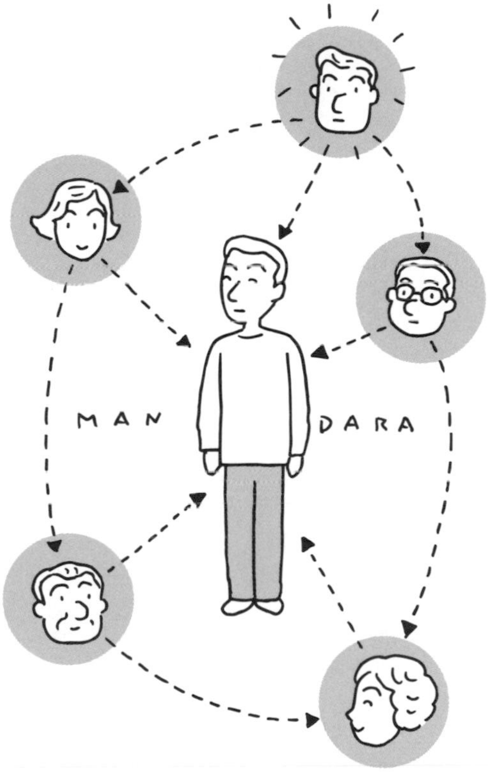
MAN
DARA

57

請你說大話

大家知道「言靈」這個語詞嗎？就是語言中寄宿著靈魂之意。聖經上也說「太初有道」，還說上帝因為說：「要有光」，所以就有光。換句話說，不論東西洋，語言都被認為是一切創造的源頭。

一九六九年，阿波羅十一號首次登陸月球。為什麼能達成這項偉業呢？「科技的進步」也是一大原因吧！但真正原因是，當時的美國總統約翰．甘迺迪，宣言要在「六〇年代結束前將人類送上月球」。在那之前，世人不認為人類可以上月球。但因為甘迺迪總統的一席話，讓大家開始認真談論這件事。語言就是具有如此強大的威力。

在思考能否達成一件事前，先宣言說「我要嘗試！」或「我想做！」。大家常說「只行不言」很重要，但其實有辦法只行不言的人，本身就有非常強大的意志力，凡人往往是「不說不做」。

而宣言自己想做，就等於是要「言出必行」，但這其實也很困難。因為我們心中會有「失敗了會很丟臉」的想法，讓人無法開口宣言。

若觀察「言出必行」和「只行不言」，哪一個能達成目的，那當然是「言出必行」。鼓起勇氣宣言就會變成一股力量，推動事物前進。

「不管怎麼宣言，做不到的事情就是做不到吧？」我似乎會聽到這樣的反駁，這點也沒錯。

但人類有一種有趣的心理，就是不會描繪絕對做不到的夢想。換句話說，如果我們說出口，就表示你在內心深處認為那是可能的。所以只要說出口，就等於已經做了一半了。

夢想「放在腦中」和「實際說出口」會有很大的差異嗎？讀者當中應該會有人感到訝異。我必須明白地說「就是不同」！因為次元不一樣。

因此，如果自己有夢想，就將它明確寫在紙上，同時向他人宣言吧！然後天天看著紙上的夢想。可以的話逢人就告訴他。之後就會出現熱心的協助者，機會也找上門。要給自己夢想養分的有效方法，就是「宣言」。請試著掌握宣言的訣竅。

此外，如果你覺得至今靠「只行不言」，已經獲得了自己能認同的成果，那「只行不言」也無妨。只要和自己內心的習慣商量決定即可。

請嘗試說出遠大的夢想，用力說大話，道路就會因此而開！

58

「重要事」和「緊急事」

我們在日常生活中，通常會做下述四件事之一：

第一，緊急但不重要的事。

第二，緊急且重要的事。

第三，不緊急但重要的事。

第四，不緊急也不重要的事。

這四件事中，最重要的是哪一個呢？通常是第二個「緊急且重要的事」。

但對我們來說，其實這四件事都很重要。

告訴大家一個故事：

某位商務人士到南國島嶼洽公。他看到一名年輕人躺在椰子樹下的吊床打盹，於是開口說：

「像你這樣的年輕人白天躺在吊床上偷懶，這樣不行吧？你應該多讀一點書，或者是努力工作、學習才對啊！」

於是，年輕人反問說：

「努力工作會有什麼好事嗎？」

「你努力的話就能出人頭地，也會賺到許多錢！」

年輕人又接著問：

「出人頭地又賺到很多錢，會有什麼好事嗎？」

「這樣你就會變成有錢人，退休後可以到南國島嶼悠閒度日，不用再工作不是嗎？」

年輕人聽了笑答：

「既然這樣，我根本不用為了悠閒度日而辛苦工作。因為我已經得到悠閒快活的生活了。」

商務人士頓時啞口無言。

我們每天都會被某種東西追趕，以為自己一定要在現場處理，但真是如此嗎？

我在某間企業研修時，聽過這樣的故事。

在那間企業舉行的研修內容，是讓管理職暫時離開工作，徹底檢視自己。他們會完全離開工作大約三週，但參加的管理職的同事先是激烈反彈。

「總公司到底在想什麼？完全不懂我們每天做了多少重要的工作。如果我離開了，整個部門都會停擺的，公司都不明白嗎？」

但總公司不接受員工任何的抱怨，照常進行研修。剛開始不滿且抱怨的員工，也逐漸忘記工作，享受陶藝和音樂或學習語言，同時檢視自己。接著，他們開始注意到自己是如何被工作追趕而迷失自我。

但真正的衝擊在最後，當他們結束研修回到所屬部門時。原本以為少了自己就會停擺的部門，反而變得比自己在的時候更理想，原本以為「沒用」的下屬，工作起來相當有朝氣，這些管理職看到這一幕，會有「我至今到底做了什麼？」的自我喪失感。

對我們來說，「少了我不行」這種自負心有其意義吧？但實際上真正有多少「重要事」或「緊急事」呢？可能幾乎沒有。即便自己每天被「緊急事」或「重要事」

追趕，其實只是我們自己那麼認為。

認知到自己的行動都在「不緊急也不重要」的範疇，做現在應該做的事情，就能更輕鬆去行動。

還有一點，我想談一下內心的壞習慣。

那就是我們會有一種傾向，總是不小心被所謂「雜事」的「假緊急事」追趕，推遲會讓我們的人生真正富裕的「重要事」。「重要事」不是指當下一定要做的事情，但以長久的眼光來看，做了能大幅改變我們的人生。

那件事是什麼呢？不是「現在一定要做的事情」，而是你在心中一直覺得「好想做」的事情。有意識地把時間花在那件事情上吧！那件事無法立刻發揮功效讓人生變成彩色的，但當你注意到時，它會替人生帶來非常美好的色彩，或是在人生的危機時刻幫助你。

對你來說，「不緊急但重要的事」是什麼呢？先試著從探究這點開始！

59 你現在幸福嗎？

聽到這個問題，你會怎麼回答呢？

通常大概是「沒有不幸啦，但要說幸福的話，我又有好多怨言」之類的吧！

我認為「幸福」的定義可以斷言為「非不幸的狀態」。我們在心中某處，能清楚地意識到不幸，卻很難意識到幸福。因為在日常生活中，有各種媒體會一直告訴我們「大家都知道的這份愉悅，你不知道嗎？」。

資訊的洪水讓我們不安。「這樣下去真的好嗎？」的念頭，會在我們心頭環繞。但如果你審視現在的自己，很明確地不覺得「不幸」的話，可試著反過來積極定義自己是「幸福的」。如此一來，心中的烏雲就會煙消雲散。

當身體感到莫名不適時稱為「全身不適」（general malaise），而心情有一點不佳的狀態，則稱為「憂鬱感」。這種憂鬱感不是指心情四成不好，六成好。總之心情就是灰濛濛的一片。

要改善有兩種方法。

第一個方法就是，仔細找出自己憂鬱的原因，然後用言語表達出口，再告訴自己「這沒什麼了不起！」。光是如此，就能改善「憂鬱」這個心理疾病。

第二個方法是，在憂鬱的感覺中添加愉快的事。

這是人類心靈的機制，因為快樂和痛苦，我們只能意識到其中一方。如此就算實際上「快樂」的感覺只有五成五，「憂鬱」占了四成五，內心還是會被「快樂」的感覺支配。這感覺很單純，卻是消除「憂鬱」的有效方法。

有人來找我商量，希望消除憂鬱的心情時，我會推薦他用上述方法。如果你憂鬱、煩惱，請不要逃避，試著找出根本原因逆轉它！

60 旁人沒那麼在乎你

「你不覺得我今天跟之前不一樣嗎？」某次有個朋友如此問我。他總是穿西裝，那天卻穿得非常時尚，所以我回答「你今天比平常更時尚呢。」

「除此之外呢？」他又問。

「這麼說來，你的眼鏡好像不太一樣。」我回答。

接著，他又追問：「還有其他地方嗎？」

「總覺得你今天姿勢很挺。」我回答。到了這裡我只能瞎猜，我完全不知道有哪裡不同。找不出差異的我反問：「其他還有什麼嗎？」

於是他稍微鬆了口氣，表情好像又很失望，同時嘆了口氣說：「果然不知道嗎？」

其實他今天徹底改變了髮型。一直注意到自己髮量稀少的他，本來用梳子把頭髮梳成了條碼狀，想設法隱藏頂上無毛的事實。但終於藏不住，所以他乾脆把自己剃成平頭。原本以為會被周圍的人指指點點，卻沒有半個人談論。他以為身旁的人是顧慮他才什麼都沒說，但其實是不知道他髮型變了。我也完全沒注意到。

所以他覺得：「我一直在煩惱頭髮是為了什麼啊。」

我看著他剃短的頭髮才發現果真是此，不過他的表情感覺比之前更清爽了。接著，他說：「總覺得好像只有自己在煩惱，人類真的不太關心其他人呢！」

答案是「正是如此」。檢視盲目之窗，觀察他人如何看自己是很重要的；但一方面，明白「旁人基本上不怎麼在乎你」也很重要。因為，每個人光忙自己的事就已經很不容易了，腦中很難去顧慮到旁人，這是事實。

說到這，似乎會聽見有人反駁說：「沒那回事。人類是互相友愛，彼此關心而活著的。」但我還是想告訴你：「人類不太在乎其他人的事情」，所以希望你能知道，在乎他人的眼光而活是有多麼的愚蠢，你應該活得更自由自在。

還有一點，正因為有「人類基本上不在乎他人」這個前提，所以當對方向你展現「愛情」或「關心」時，你可以把這當作是一件「難得可貴」的事。這是一種反推。

我們常會為了「不在乎自己的旁人」而打腫臉充胖子、難過或感到急躁，但這些真的是枉然的。

試著下定決心「不在意旁人的眼光而活」如何呢？肯定能獲得更輕鬆的人生！

61

徹底誇獎自己

對你來說，自己應該是世界上最重要的存在。但如果問你是否真的喜歡獨一無二的自己時，會有很多人回答「討厭」！同時四處指責自己的不是，或是展露負面心態，覺得自己沒出息。

你應該更加重視世界上獨一無二的自己，誇獎自己才對。會否定自己，其實是自我意識很重的體現。另外覺得「想死」時，也就證明對生的意識很強烈。看到現況有太多人在說自己壞話，就會痛感現代嚴峻的社會有多麼不允許「真正的自己」存在。我們周圍總是充滿這樣的訊息：「你繼續這樣會落後喔！」、「你繼續這樣不行」、「你有更快樂的人生」、「你沒走在真正的人生道路上」等。這些訊息會讓我們的心靈枯萎。要喜歡自己不需要理由，只要覺得自己「這樣就好」。

我有一個朋友有輕微的神經官能症，因為做什麼都不順利，總是有「想一死了之」的心情，然後每次都會說：「結果人類這種生物，不管怎麼努力都是死路一條不是嗎？這麼想的話真的很空虛啊！」

改變這種意識的方法只有一個，那就是停止思考。不要想東想西，總之先消去自己心中漂浮不定的妄想。為此，他接受的治療是：在築地的市場工作一整天。透過此方法，他從早上開始勞其筋骨，徹底努力工作。於是在不知不覺間，他的煩惱消失得一乾二淨。

換句話說，與其讓煩惱消失，倒不如透過勞動身體，不給妄念有趁虛而入的空間，光是這樣狀況就會有一百八十度的好轉。由此來看，如果反過來無條件對自己說「我很棒」，就能逐漸活化心靈的能量。此處的重點在於「無條件」。不是因為達成了什麼特別的事才誇獎自己，而是對現在的自己說：「你好棒！」

話雖如此，可能會有人反駁說：懶散的人誇獎自己也不會進步吧？但這是膚淺的想法。因為能打從心底愛自己、稱讚自己的人，自然會湧現出相對應的力量。

只是訓練思維，認為「自己很棒」，就能拯救不計其數的人脫離心中的黑暗。

請試著無條件地覺得「自己很棒」，肯定能給予你莫大的力量。

62 遵守與自己的約定

大家知道嗎？一個人會失去自信或自我厭惡時，通常是因為打破了「與自己的約定」。

約定通常是和他人做的事情，就算沒有遵守，自己也不太會受傷。但如果不遵守和自己的約定，我們在心中就會對自己打折。買東西時有打折是好事，但如果對自己打折，就會逐漸地厭惡自己。

這邊說的約定，其實也不是什麼困難事。例如：心想「今天要在五點前做完工作」，如果我們能依照約定，實際做到，就等於遵守了與自己的約定。這其實是微不足道的事情，但我們一天會做幾十次這類小約定。遵守每一個約定，就會累積對自己的信賴，然後喜歡上能遵守約定的自己。

自我厭惡的人，通常生活都是一片凌亂。這種凌亂，不是他人看得見的那種，而是內心的凌亂。如此一來，面對一個個的「毀約」，會覺得：「唉！自己連這麼簡單的約定都無法遵守嗎？」，然後失去信任自己的自我尊重感。

對於會莫名感到憂鬱、沒自信或沮喪的人，我會推薦他做這小小的實踐。遵守每一個小約定，很奇妙地，就會產生自信，發揮出真正的潛力。有許多人透過這微小的嘗試，找回了原本充滿朝氣的樣貌。

一提到約定，感覺會有一種死板的感覺，但不管是多小的事，當你遵守了自己決定的事情時，可在心中誇獎自己「好，我辦到了！」，而且要有意識地去進行。

但心想「明早六點要迅速起床」，也很難輕鬆做到。因為內心會出現糾葛，然後當你找了各種理由打破和自己的約定時，就會瞧不起自己。所以當心中越是糾葛，就越應該鼓起勇氣遵守和自己的約定，然後稱讚遵守約定的自己。

這類「與自己的約定」真的很有效，請務必實驗看看。

啊！請恕我多言，當你無法遵守和自己的約定時，該怎麼辦才好呢？屆時，千萬不要懊悔自己沒能遵守約定。

應該認為事情都發生也沒辦法，然後集中意識在「下一個與自己的約定」。如果這次遵守了，就要覺得自己很棒。

當心情鬱悶時，請嘗試一下上述內容，肯定能吹散你心中的烏雲。

63

「失」與「得」

關於本節闡述的內容，請大家務必對照自己實際的經驗來思考，因為你會得到非常有趣的發現。

首先，舉出你的人生中「失敗」、「挫折」、「失去」或「悲傷」的事情各一件，然後寫在紙上，多舉幾件也沒關係，然後看一下清單，裡頭會有很多連回想都不願意的事情吧。

這些就是你人生的負局面。

接著，請試著思考在這些負面狀況中，你因此而「獲得的東西」。可能會有人說「從負面的事情哪能得到什麼？」，但我還是希望你問自己「從那件負面的事情得到了什麼？」。

在這樣的自我探求中，某位男性原本因為被非常喜歡的女性甩掉而意志消沉，後來他告訴我，在那之後他遇見了另一位真命天女，兩人結婚共組了幸福的家庭。

就算沒這麼精彩也無妨，當我們覺得「失去」某件事物時，肯定會「得到」什麼。這真是奇妙的緣分交織啊！

如果用心眼關注這件事，我們就能確信不管遇到什麼困難，不管失去了什麼，都會從中獲得某樣東西。如此一來，就逐漸不會害怕「失去某樣東西」。

對於這樣的思考方式，或許會有人責備我：「你不懂人類真正的悲傷是什麼吧？」

我不覺得所有人都應該抱持這種思考方式，但當你以這種意識看待人生的負局面時，就會開啟另一個人生的可能性。因為真相沒有「好」或「壞」之分，只有你是怎麼看待。覺得失去的瞬間，我們肯定獲得了什麼，這點肯定會潛藏其中。

假設你現在遇到某種負面狀況，請試著檢視自己會因為這件事而「得到什麼」或「被給予什麼」。「啊，原來！」肯定會讓你如此恍然大悟！

64 阻礙中的睿智

本節是上一節的應用篇。人活著會遇見各種阻礙。你再怎麼氣「為什麼會發生這種事？」，阻礙依舊會不容分說地降臨到我們的人生中。

但試著仔細研究，會發現那些阻礙肯定會教導我們什麼。當事情進展不順或發生了阻礙，就會產生「都是那傢伙的錯」或「要是沒有那個阻礙，事情就會很順利」之類的心情。這種心情會讓我們無法從阻礙身上學到東西，導致今後會接連發生相同的阻礙。

如果單純把阻礙當作人生的包袱，你就無法卸下這個包袱。但如果清楚認識到阻礙發生有其意義，並從中領悟到睿智，那該阻礙就會立刻消失。消失可能是指該阻礙本身消失，也可能是阻礙依舊，但你變得完全不會在意它。

我從一名在企業工作的ＯＬ那兒聽到了一個有趣的故事。

她所屬的部門有一個壞心的「女前輩」，所以她一直覺得「如果沒有那個前輩就好了」。但是想歸想，「女前輩」還是不會消失。她心中總是感到心情煩躁，但從某個時間點開始，她突然覺得「女前輩也有許多優點，雖然我不喜歡她，但遇到這個人是我的命。今後可以多從她身上學習能學的東西」。

而後，她的心情變得非常輕鬆，對女前輩的負面情感也完全消失了。過了不久，那名女前輩對她說：「感謝妳至今為我做的一切。我因為家裡的因素，要辭職了。」當她注意到時，女前輩已經從眼前消失了。

這能說是偶然，但也能說是她克服了「女前輩」，所以女前輩才會消失。這也是科學無法證明的事情，但在意識中克服阻礙後，該阻礙就會跟著消失的狀況屢見不鮮。這無法用理論去歸納，但卻是實際會體驗到的。

要讓這種事發生的訣竅在於，發生問題或阻礙時，要告訴自己：「其中一定有使我成長的訊息」。這麼一來，最後在心中肯定會湧現自己能信服的訊息。

這種訊息會讓你百分之百在心中贊同，不會是「一半贊同，一半不贊同」這種半吊子的東西。如此你真的不會在意阻礙了，今後就算發生同樣的狀況也能輕鬆克服。

而當你注意到時，該阻礙本身已經從你身邊消失。阻礙如果不克服，很奇妙地就會一直糾纏我們。

當你的心態能從「為什麼自己會遇到這種阻礙？如果沒有阻礙一切都很順利的」，轉換成「我能從這個阻礙中學習到什麼呢？」時，阻礙就不再是阻礙了。

65

體驗相乘效果

相乘是指相輔相成。有兩分力量的人和三分力量的人合力，變成五分力量是理所當然。但如果發生相乘效果，二加三甚至會變成十或一百。換句話說，此處的重點在於隱藏在個體二和三「之間」的祕密。因為不論一個人多有潛力，要是出口被封閉就等於沒有一樣。

那何時才會產生相乘效果呢？

首先第一點，當每位成員齊心協力要完成一個目標時。第二，當每位成員彼此信賴並採取行動時。第三，成員彼此是互惠關係時。

在這樣的狀態下，不管出現何種結果，共同努力的成員都會得到很大的滿足，同時留下超乎想像的成果。換言之，不論致力於某件事的成員能力如何，只要成員有上述三種心態，就會構成創造相乘效果的決定性要因。

企業或團體召開會議，想讓小組有共同目標來完成一個事業時，最應該努力的地方在於能創造出多少可觸發此相乘效果的內心聯繫。

一個人光靠道理是不會行動，即便有正當理由能說服人，也無法使他因此產生爆發性的力量。假如一個七、八人的小組正在為了某個目標而努力，但那個目標是「別人給他們的」，那肯定會在中途受挫。因此當全員決定目標時，除了徹底討論之外，最後還必須讓所有成員一起討論，直到大家打從心底完全同意「這是我們自己訂立的目標」。

以我的經驗來說，當討論進行到最後階段時，焦躁的情緒有時會達到最高峰，但如果打破這個障礙，就會抵達大家都能認同的一個點。在那個瞬間，所有的心理隔閡會消失殆盡，大家會上下一條心，事情自然就會水到渠成。途中即便出現困難，大家肯定會互相幫助達成目標。能讓眾人齊聚一心，可說是身為領導者最大的任務。

真心把目標當作自己的事去努力，跟隨便敷衍的心態相比，肯定會出現完全不同的結果。

我聽過一個叫「祭酒」的故事。某個村子要舉辦祭典，但因為是貧窮的村莊，沒錢買大型的桶裝酒。於是，村人決定各自帶家中的酒倒入酒桶中，酒桶也因此裝滿了。不過到了祭典當天，眾人打開酒桶乾杯後發現，裡面裝的不是酒而是「水」。

就像大家知道的一樣，每個村人都覺得「只有我自己以水代酒也無妨」，所以酒桶內全都變成水了。

這種事情在日常生活中常會發生。換句話說，當其中一個人覺得「只有我自己偷懶，對整體應該不會有太大的影響吧？」時，其實當下所有人都會這麼認為。在企業內也一樣，不是每個業務的努力加總，就等於該公司整體的營收，當全員化為一體朝目標前進時，才會產生相乘效果，帶來更大的成果。

體驗過此相乘效果的人，會明白「團結的力量」，所以在做一件事之前，他們會細心協商。然後在每個人真正理解，發揮出內在的潛力之前，他們不會一個人往前衝。

如果你至今有和一些人共享目標，然後得到超乎預期的成果，請試著驗證當時有何種心靈的團結。肯定會注意到「人」與「人」之「間」隱藏的祕密。

第 7 章

致活在
幸福連鎖中的你

66 盤點「應該做的事」

明明沒特別的問題，內心卻很煩躁，或焦慮地想：「應該做那個、做這個」時，我想告訴你有一種特效藥可以擺平。

一名參加研修，三十來歲在電子產品工廠工作的股長，問我如何安排時間？「我每次工作都會覺得『啊，那個也要做』或『啊！忘了做那個』之類的，各種想法會混在一起，讓我無法集中眼前的工作，這該怎麼辦才好呢？」

這樣的人我想不在少數吧？

其實我自己也曾被那樣的想法囚禁過。感覺就像各種必須處理的事堆積如山，然後一口氣往出口擠，造成了如同便祕的狀態。

進入這種狀況後，不管做什麼都會感到煩躁，心中永遠無法得到滿足感。必須要做的事情是屬於未完成的範疇，所以當它出現在內心某處時，除非你完成它或決定「不用再繼續」，否則那件事就會在你心中持續發酵。這會對精神上造成非常大的壓力。就算都是小事，加總起來依舊會造成不小的負面影響。

如果你因為事情沒做完而感受到壓力，請給自己三十分鐘，然後下定決心要「完全消除這種壓力」。接著拿出一張紙，把目前未完成的事情完整歸納出來。

「必須去看牙醫治療牙齒」

「必須整理房間」

「必須寄信感謝照顧過自己的Ａ」

「必須完成Ｂ拜託的調查」

「必須修好壞掉的椅子」

這一類的事情，大概能輕鬆地寫出二十或三十個。不管這些是否重要，總之全部寫出來。然後確認只要這些事情全數解決，心中的烏雲就會消散。當你覺得「好像還有什麼」時，就是真的還有什麼。其中可能包含非常抽象的東西，但也要全部寫出來。

接著，當你確定這些就是全部後，就進到下一個步驟。那就是看行事曆決定每件事情的解決時間。如果覺得「必須去看牙醫」卻遲遲沒去，那現在就立刻拿起電話，預約去看牙的時間。

面對必須解決的問題，只有三種方法能處理。

第一是「現在立刻解決該問題」。第二是「決定處理該問題的時間」。第三是在心中認定「去思考如何解決也沒用」。然後，嘗試把這三個方法套用在所有問題上。如此心中的疙瘩就會消失殆盡。

請有意識地保留這樣的時間。

要不要嘗試在讀完本節後，立刻做十分鐘的「盤點」看看呢？「盤點」後的那種清爽感，只有實際嘗試過才會知道，建議大家一定要實踐看看。

謝函

67 明天能做的事就明天做

「今天該做的事，絕對不要拖到明天」。這是前人留下來的生活態度，也是非常中肯的想法，毫無反駁的餘地。但這種想法是否些許箝制了我們的心呢？

某位參加研修的三十歲女性這麼問過我：

「我在一天快結束時，心中總是會有『還有事情沒做完』的想法，沒辦法百分之百滿足，請問該怎麼辦才好？」

在藥品公司工作的她每天努力工作，絕對不是一個偷懶的人。但她是一個要求很高的完美主義者，無法體會到「我今天做得很好」這種滿足感。所以不管工作是五點結束還是十點，她都不會感到滿意。

如果你被這種無法百分之百滿足的感覺囚禁，希望你在工作結束的瞬間，能用「今天努力了一天，明天繼續加油！」的想法切換自己內心的開關。然後請摸摸自己的頭獎勵自己。不要覺得自己把今天的工作拖到明天，而是單純覺得「明天的工作是明天的事」，這就是訣竅。

把事情拖到明天這種壞習慣時常聽見。改善這種壞習慣有時很重要。但照我的觀察，與其覺得「明天做也無妨的事情，明天再做就好了」，不如抱持「明天做也無妨的事情，應該明天做」的想法會比較好。因為如果真的是「今天必須做的事」，那「今天你肯定會去做」。

因此，與其悶悶不樂煩惱做不到的事情，不如誇獎一下今天努力了一整天的自己。這種思考方式，從一般的「目標達成」概念來看或許有點奇怪。但這樣的想法能消除心理壓力，同時肯定能大幅提升「今日工作」的品質。

換句話說，你應該認知到明天做的工作是「為了明天本身」，而不是做「昨天剩下的事情」。這麼來想，內心就不會拖泥帶水。

在今天的工作結束前或就寢前，就算預定只完成了一半，請試著抱持「今天我該做的工作全部做完了，太好了」的想法。你肯定會發現自己心中的壓力減少了一半。

68 享受一成不變

一名參加研修的五十來歲主婦，說了這麼一段話：

「我結婚二十五年了。兩個小孩已經成年，生活也很富裕。不過我無意間覺得，每天都在做同樣的事情，心中有一種無法言喻的一成不變感。我覺得自己應該去做些什麼，覺得我的人生應該做更不同的事情，但我卻找不到，這該怎麼辦才好呢？」

我們時常在尋找人生的意義，會去思考什麼是有價值的人生，然後去尋找答案。這或許是身為人類寶貴的地方。但大家必須知道，這裡其實漏掉了一件非常重要的事情。

其實「一成不變」這件事反過來說，一個人越能一成不變就等於越「幸福」。換句話說，應該顛覆一成不變這個詞中包含的負面感覺，改從這樣的角度出發：試著去認識到一成不變基本上在人生中是一件美好的事。然後在充分享受一成不變的過程中，你會在不經意的瞬間看見下一步該怎麼走。

不要覺得能讓今天的自己採取特別行動的事物才有價值，將看似一成不變的日常當作人生難得的一頁來進行如何呢？在附近的公園每週和小孩玩丟接球，也是日常生活中難得可貴的一幕。能被允許這麼做是一件可貴的事情，深深感受這一點，就會看見一成不變中的非日常光景。

我自己在感受到這件事之前，也是每到假日就會一直思考必須做什麼活動，然後抱持著「這個假日不怎麼充實呢」或「這種一成不變的假日會讓人沒有長進」等愚蠢的妄想，當同樣的工作一直持續時，我也會覺得有一成不變之感。但去愛這種不變的日常生活，便會覺得能夠一成不變居然是一件寶貴的事情。

在那之後，就算假日無所事事，我也能心滿意足地去享受，在居家附近散步也能感受到不輸給漫步在夏威夷威基基海灘的舒適感。

如果有人覺得「我陷入一成不變的生活」，我建議你試著徹底玩味那種一成不變。如此一來，就會看見一成不變中的非日常。

69 享受「過程」而非「終點」

說件理所當然的事，目標或夢想達成時，能讓人感受到最大的喜悅。但這個「達成時」其實是一種相當難捉摸的東西。

我們從小在潛意識中就被植入「為了達成目標現在要忍耐」的觀念。的確，為了達成大目標，必須經歷各種苦心或煩惱。但擁有目標這件事的價值，在於玩味其中的過程，而非達成它。

我現在正在練吉他。因為我很想彈看看泰雷加的《阿爾汗布拉宮的回憶》這首美妙的樂曲，但實在很難彈得好。我有找吉他老師學習，但平常總是很忙，所以上課時間變得像練習時間一樣，進度有如烏龜在走路。但我還是一點一滴地學會過去不會的東西，或是彈出昨天彈不出的音調，每記住新的一小段，我就會覺得感動或感激。

如果只是以彈《阿爾汗布拉宮的回憶》為目標，每天拚命練習好幾個小時，那應該半年就會彈了。但這麼一來，途中的各種喜悅也會減半吧。

我想再告訴大家一個親身經歷。我會出書或受託寫稿，算是文章寫比較多的人，但過去我感覺心靈被一種「必須快點完成」的責任感覆蓋。但猛然一想，我發覺不管是抱著責任感去寫還是愉快去寫，兩邊都一樣是「寫」，在那之後，我在寫文章時變得能去「享受」。而奇妙的是當我抱著「享受」的心境時，速度會比用責任感去寫時還要快更多，品質也會更好。

換句話說，假設你覺得必須完成一千件事，當完成了一件之後，你會覺得必須要做的事情還剩下九百九十九件。但如果你把事情當作一千件樂趣，就會覺得剩下的是九百九十九個樂趣。

擁有目標不是為了要比誰會忍耐，或是為了向人誇耀。如果要顧慮到心中的滿足，那試著認為真實就在其過程中如何呢。意識不要過度集中在結果上，也不要感受到過多的責任，這只會讓你焦躁，事情也會不順利。

一名年輕的國中老師曾這麼問我：

「我現在非常煩惱學校的事情。看到孩子們學壞或完全放棄學習之類的荒唐行徑，我就會想努力為他們做些什麼。但總是感受到自己的無能為力，我該怎麼辦才好？」

現在的學校狀況真的很不妙，所以我非常了解這名老師的辛苦。但越是期望孩子會迷途知返，然後變成出色人物，與現實之間的落差就越會讓人苦惱。

這麼說或許會被誤會，但我告訴他不要對「孩子今後會如何？」抱持過度的責任感。越是有熱情的老師，越容易被這種過度的責任感壓垮。

不是去想「孩子今後會如何？」那種遙遠的未來，而是把意識集中在今天一整天和孩子的溝通上。這麼一來，就會逐漸對孩子的細微變化變得更加敏銳。

依我所見，教育能力出色的教師都不是看結果，而是由衷玩味日常的過程，然後把偶爾遇到的嚴峻狀況當作自身成長的糧食。

如果你現在有目標，正在努力著某件事情，然後對其遙遠路途感到厭煩時，請試著捫心自問，如果那是一件說什麼都必須做的事，你應該下定決心去「享受它」。如果是沒必要做的事情，那終止也無妨。

爬山攻頂之後會很感動，但在途中欣賞盛開的花朵，或傾聽潺潺流水聲並享用便當，抑或聆聽昆蟲的叫聲等，這一類的瞬間也有其妙趣。

好了，你今天在享受何種「過程」呢？

70

總之就是讚美眼前的人

「找到對方的優點誇獎他吧！」

談領導力的書籍常會出現這句話，大家可能都看過。但誇獎別人是一件非常非常困難的事。為什麼呢？答案很簡單。因為一個人在看他人時，會比較容易注意到缺點而非優點。所以要誇獎一個人，我們很難做到。

然而，每個人總是在心中吶喊著「希望別人誇獎我」。不論大人小孩、男人女人、高貴或不高貴、富人或窮人都一樣。

從前，曹洞宗的開山始祖道原禪師曾說過：「愛語有回天之力。」換言之，讚美人的言詞有能力扭轉天的運行方向，這相當驚人呢！

可是，不擅長誇獎的人，很難坦率地誇獎對方，怎麼看都像是在奉承，不夠自然。有人這麼問過我：「總覺得誇獎人就像在說恭維話，不是很順利呢，而且如果不是真的覺得對方好就誇獎對方，總覺得好像在對自己說謊，該怎麼去想才好呢？」

我用以下的內容回答了這個問題。首先無法誇獎對方，就等於你沒有眼光找出對方的優點。所以應該先「有意識地努力發現眼前人物的優點」。這麼一來，傳達給對方的至少不會是謊言，而是真實的話語。接著，要訓練自己清楚表達。如此對方心中就會產生喜悅，或是想加強被誇獎的部分。

我認為誇獎他人的行為是一種「訓練」。或許有人會反對這種想法。不用訓練就知道怎麼誇獎的人很了不起，但大多數的人都會拿「我很害羞」當作藉口，不太去誇獎他人。總之，請試著真心誇獎現在在你眼前的人，還有今天遇見的所有人。屆時，對方滿溢出的喜悅表情或光輝，肯定會讓你驚訝。

由衷誇獎他人後，我會從中感受到情誼或生命的躍動，連自己也會覺得幸福。雖然只是區區的「誇獎」，但就是「誇獎」下去。

不過，請注意以下兩件事。第一，誇獎因人而異，是一件低級的事情。對社長說「您是多麼德高望重的人啊！」之類的肉麻話，對下屬卻採取遷怒和傲慢的態度，這種是品格低劣的人。「誇獎」這個行為，必須基於「博愛精神」。

第二，誇獎人不應該打折。例如，「你非常熱心工作，不過很冒失常會犯錯呢！」這類的說法，不是在讚美對方熱心工作。如果要誇獎時，只要說「你工作非常熱心呢！」，「冒失」的部分應該另外找時間說。如果要同時警惕和誇獎對方時，應該把誇獎的話放在後面，如「你雖然很冒失，不過工作熱心的態度讓人佩服」。

總之，今天請試著誇獎你周圍的人，誇獎、誇獎、再誇獎。你肯定能給對方一份幸福的大禮，同時讓自己也得到幸福！

71

退出所有的競爭

現在的社會是嚴峻的競爭社會，常會聽到「不要輸給別人」、「勝利組」或「失敗組」等話語，競爭是永無止盡。但競爭這種東西相當麻煩。

孩子數學考了九十分，如果隔壁的花子考了一百分，媽媽馬上就會生氣。工作上也是，業務員之間的競爭很激烈，企業之間的市占率競爭也很猛烈。如果是奧運金牌或足球世界杯之類的話，那競爭本身有其價值。但競爭麻煩的地方在於，就算贏了A最後還是會輸給B。而且今天贏了也不知道明天會如何。換句話說決定要競爭的人，最後肯定會輸給某人。

我自己二、三十歲時，也會拿自己和同年齡的人比較，覺得必須更努力從中脫穎而出。這麼一來，必然會在意起別人的行動。就算覺得自己比A厲害，如果B拿出比自己更好的成果，或是在社會上更有名氣，就會覺得內心不安，有時甚至會嫉妒或扯對方的後腿。但那麼做真的有意義嗎，那種競爭到最後只會讓自己變成一個糟糕的人。

從某個時間點開始，我在心中決定「絕對不與人爭」。於是，我清楚自覺到至今所在意的事情和內心的焦躁瞬間消逝，不僅能由衷為他人的喜悅感到欣喜，自己身上的能量也會自然流現出來。

「絕對不與人爭」不是一種怠惰或當人踏腳石的想法。而是把自己人生價值的標準，從「在競爭中贏過他人」這種無意義的意識中解放，同時讓真正的力量湧現出來。

自己真正追求的不是為了「贏過某人」，而是要完成自己內心吩咐的事物，如果能抱持這樣的想法工作，就能引領自己登上意想不到的高峰。

「勝利組」和「失敗組」這種說法，不過只是強加於我們的一種人生標準。成為賺錢冠軍王，收入比其他人多好幾倍，絕對不等於人生勝利。即便不景氣的現在，基本上只要有心拚命工作，就不會餓死。

就算暫時成為「勝利組」，最終勝利還是會有失去的一刻。越是認為自己是「勝利組」的人，失去時的失望就越大。

假設有一間拉麵店的老闆，抱著不想輸給隔壁拉麵店的心態在做拉麵的話，最終還是會輸給對方。但如果老闆是抱著「讓客人品嘗好吃的拉麵就是我的人生意義」這種想法，然後不停研究的話，不用輸或贏過某人，麵店也會生意興隆！

若把意識放在是否能誠摯對應自己的工作，而不是和他人的競爭關係，就會出現一種愉悅的精神狀態。因為能不與人爭者，絕對不會輸給任何人。

如果你現在生活在無止境的競爭狀態中（不論是現實上或精神上），請試著宣言「我要退出所有競爭」。如果能掌握屆時產生的心境變化，應該會是非常大的福音！

72 試著說「完全沒問題」

我們在日常生活中，會有很多氣憤或無法如意的事。當自己被人批評，或期待的事情未實現時，就會急躁或失望。

我自己以前只要遇到那種事，整天都會心煩意亂，然後「這樣下去狀況會越變越糟嗎？」或「明明都努力過了，自己運氣真差啊！」之類的負面想法，就會在我心頭迴盪。

但仔細想想人活著這段時間，發生的事幾乎都沒什麼了不起，事後回想時常會忘得一乾二淨。只不過是自己在心中把那件事當作「問題」罷了。當我這麼想之後，遇到自己的想法無法實現或失望的事情時，我會刻意告訴自己「完全沒問題」。如此一來，內心真的會覺得毫無問題。這非常有效，所以請嘗試看看。

當然，如果客戶有工作上的客訴時，覺得「完全沒問題」就丟在一邊的話，可能會出大事。這裡說的「完全沒問題」是指不要一直在意已經過去的事情，應該爽快地轉換心態。

單純一句「完全沒問題」，究竟會讓我們的內心變得有多開朗呢，或許有值得一試的價值吧。

73

人生中一定會有「黑羊」存在

歐洲從以前就有「黑羊」的故事。據說羊群中會有「黑羊」混在裡頭做各種壞事。換句話說，以我們的人生來說，我們周圍肯定會有一兩個「拜這傢伙所賜，我總是很生氣」的存在。

這頭「黑羊」一定會存在啊。假如你周圍沒有這樣的人，那算是非常幸運。但你應該能想到這樣的存在。那如果「黑羊」不見了，你的人生就會萬萬歲嗎？其實並非如此，因為黑羊肯定會從其他地方跑出。

所以如果你的周圍有「黑羊」的存在，不論那是朋友、家人或工作夥伴，你除了接受別無他法。要把黑羊變白羊是不可能的。

所以我們能做的就是「主動改變」自己對待黑羊的方法。這個行為很有效，但也很辛苦。要改變自己的想法是自己的事情，所以能做得到。但這個方法也包含了對自己的挑戰，因為「自己明明沒錯，但卻必須改變自己」，所以會非常辛苦。

面對「黑羊」不用勉強自己改變，而是仔細觀察「黑羊」的存在，試著「自然且平靜地接受他」。如此一來，那隻黑羊不僅不會阻礙你人生，有時還會替你帶來某種正面效益。

你人生中出現的「黑羊」是誰呢，而你又是如何接納對方呢？

74 送自己一份「可愛的禮物」吧！

有一個非常好的方法，能為平凡的每一天添加香料，那就是「可愛的禮物」。

我有段時期因為工作爆量，事情怎麼做都沒完沒了，陷入了一天結束後疲憊不堪卻沒有滿足感的惡性循環。一個工作結束後下一個接踵而來，寫完一份原稿後下一份在等我，我的心境變得像是在轉輪上追飼料的老鼠一樣。但從某個時間點開始，我覺得「不能再這樣下去」，想要多給自己一些「獎賞」。

獎賞真的是小東西，例如「稿子寫了五張後，三點的甜點時間就吃我最喜歡的泡芙吧！」、「今天工作完回家，就看一直很期待的影片吧！」等，總之就是先設定一個樂趣。

如此就能以非常好的心情工作，所以人類真的很現實呢。此外，當書籍出版後，以前我會覺得「唉呀，終於成功了。好，換下一本」，無法真正去品嘗那本書的成果，但最近我會開一個小小的慶祝會，或是自己細心閱讀，欣喜「這真是一本好書呢！」。要說是自我滿足那的確如此，但工作結束後替自己添加一點樂趣，能讓工作的效率大幅提升。此外，如果提前設定樂趣，例如工作結束後去泡溫泉之類的，工作也會變得更有進展。

工作當然是自己的生存意義，也是有價值的東西，但時常會伴隨某種緊張感。所以不帶任何緊張感，純粹用來享樂的時間就變得非常重要。

不可思議的是，有不少人對這種「自我享樂」抱持著罪惡感，我知道這點時曾經很驚訝。我有一個朋友，決定在完成所有工作後才要「盡情玩樂」，所以這兩三年從沒出外旅行過。這樣的人看似很努力，但內心深處其實會時常累積不滿，所以工作效率肯定不是很好。

在自己的時間中有意識地加入了某種「獎賞」，能夠豐富你人生的時間。例如要去餐廳時，不要覺得「去哪間都好」，而是稍微意識一下如「工作完成了就去朋友之前說很好吃的那一間義大利餐廳」等，讓自己的行動有一種「興奮的獎賞感」，光是這樣一天就會過得更充實。不管是否花錢，都要去思考該給自己什麼獎賞。

好了，你在今天之內、一星期之內、一個月之內、一年之內為自己準備了什麼獎賞呢？

先送今天的自己一份禮物，在那之前先偷偷告訴他那是什麼吧！

75

忙碌的真面目

「你最近很忙嗎？」

「是啊，都在窮忙啊。」

如果你的忙碌是這種類似季節問候的內容，那就不會有問題。但如果你現在真的被「忙碌」的感覺折磨，就必須仔細觀察忙碌的真面目是什麼。

忙碌是指事情接連不斷，沒時間放鬆喘口氣的狀態。在這層意義下，應該有很多人實際上是真的很忙吧？

但此處必須仔細思考的地方，在於忙碌不是那種表面的東西，而是心靈層面的。大家常說忙等於「心亡」，不管表面工作有多繁忙，對能夠輕鬆處理的人來說，並不會心亡。

稍微用心理學的角度來分析忙碌，會發現是一種「正在做一件事時，還有複數必須要做的事情在腦中交錯」的狀態。

例如你正在寫企劃書時，腦中還在想必須打電話處理客訴，所以會感到心情很急躁，或是在意接下來必須做的事情，導致無法集中精神處理眼前的事。

換句話說，忙碌是指在做某件事時，心靈被其他事物囚禁的狀態。如果意識能集中於目前在做的事情，光是如此忙碌感就會一口氣消失。

我自己也一樣，工作如果排得很滿的話，做一件事情有時會變得很草率，也不會對成果感到滿足。

陷入這種狀態時，我會進行前面介紹過的「工作盤點」，然後明確分配時間，設定一個比較寬裕的時間表。先把所有的事情寫在紙上，完成後逐一檢查。光是這樣內心的穩定度就會大幅提升。

另外，有人問過我這個問題：「我每次都想集中精神工作，結果工作都會被電話打斷，讓我很煩躁。一天結束後，自己立下的目標沒有太大的進展，讓我一直處於不滿意的狀態。這該怎麼辦才好呢？」各位讀者中恐怕也有不少人有同樣的煩惱。

這種時候建議大家「在工作上張開結界」。結界是密教的用詞，簡單來說就是建立一個魔物無法侵入的靈性區域。工作當然跟密教扯不上關係，但當你在做某件事時，應該在心理上或物理上，有意識地創造出能埋首於該工作的環境。

心理上應該先做工作盤點，決定優先順序，然後在心中決定該如何進行。物理上則是在工作中決定一個時間，在那段期間絕對不接電話。

假如是兩個小時，那就在兩個小時後統一回撥電話。

我們的人生中，除了關係到生死的事情外，沒有事情是你「此時此刻必須設法處理」的。

張開時間的結界，能讓你集中在一件事情上。如此一來，心靈就會得到驚人的平靜，而且還能創造出驚人的結果。

還有一點，有時忙碌的真面目是你企圖在一定的時間內，硬是塞滿做不到的事情而產生的現象。特別是當你被人拜託卻沒能拒絕時，就是一種不好的狀況。所以要承接前，應該仔細研究那件事自己是否真的處理得來。就算每件都是小事，也會因為「聚沙成塔」最後讓人喘不過氣。

「輕易答應」造成工作滿檔也算是一種壞毛病，這類型的人必須認真思考「拒絕的勇氣」。拒絕的當下會躊躇，但結果來看會讓對方朝好的方向邁進。

另外，有時我們必須試著轉換意識來看待忙碌。現在被忙碌玩弄於股掌間的人，如果能用前述的方法思考對應工作的方式，整體狀況會有很大的改變。

然而，我在和許多人接觸後覺得有一點很不可思議，就是常會看見他們似乎在「追求忙碌」。不，進一步來說他們彷彿是「不想要有空閒」，試圖用各種事情占滿自己的時間。而且那些事情不是有建設性的，而是無關緊要的小事。

這種心理的背後隱藏了日本高度經濟成長時代所種下的觀念，亦即忙賺錢是好事、忙碌等於自己是一個受社會重視的人，抑或是行程表空白就像沒人要搭理自己，所以才會下意識裝忙的心態。這不僅是對他人，也是「對自己裝忙」。

如果有人覺得這番話心有戚戚焉，那我想告訴你這種忙碌毫無意義。我認為反而是享受空白的行程更重要。

就算沒有時常和人見面，沒有每天和人出去喝酒，只要你覺得你的價值不是他人決定，而是由自身存在來決定的話，時間的使用方式就會變得更不一樣！

時間若被牽強附會的忙碌所占據，事後回想會感到很空虛。應該在更加悠閒的時間洪流中，珍惜每個瞬間才對！

76

「火大」和「動怒」會讓運氣跑掉

最近「火大」或「動怒」之類的詞，已經成為了日常用語。的確，路上塞車了確實會讓人生氣。搭電車如果一直被人踩到腳，也真的會感到火大。

「你幹什麼！」前幾天我搭地下鐵時，聽到了這樣的怒罵聲。轉頭一看，只見一名四十歲左右的男性坐在椅子雙手抱胸，正在對站在眼前三十歲左右、穿著像上班族的男性抱怨。

「你的袋子撞倒我很痛耶，王八蛋！」

仔細一看，那名上班族穿著的人拿著一個紙袋，似乎碰到了對方的腳。接著他連聲道歉，但那名生氣的男性依舊不停碎碎念，下了地下鐵後也邊走邊罵。

腳被袋子碰到會生氣這點我能理解，但那名上班族沒有惡意，男子卻動了一二〇％的怒氣。

日常生活中，如果想要生氣到處都有事情可以氣。要出門時剛好下雨會讓人火大。搭地下鐵買票時，如果前面的老婆婆拖拖拉拉就會感到急躁。地下鐵如果遲到三分鐘就罵髒話。上車發現人很多會很心煩，再加上旁邊中年大叔的體臭讓人在意。轉過頭來，一名在聽隨身聽的太妹，耳機露出刺耳的節奏聲讓人情緒暴躁。但你還是忍耐下來，好不容易下了地下鐵走到戶外，結果看到走在眼前的男子亂丟菸蒂，搞什麼鬼。抵達公司後，看到好幾張客訴的便條紙，讓人失望。不經意轉頭一看，剛好看到年輕的ＯＬ在聊天，讓人快要爆發……

於是，你這麼說。

「現在的社會真是不像話」、「全世界都是讓人火大的事情」。

的確，有人在眼前亂丟煙蒂會讓人心情不好。

但我認為，生氣會吃虧的人只有你自己。看到亂丟菸蒂，真的覺得「那樣不對」時，你只要拍對方的肩膀提醒他說「你不能亂丟菸蒂」即可。但如果你沒這麼做，只是自顧自地在生氣，那股怒氣最終會搗亂你的心靈，讓你白白蒙受損失罷了。

如果覺得亂丟菸蒂不行，那你可以輕輕拾起菸蒂，不讓垃圾增加，然後祈禱對方今後不要再亂丟菸蒂。這麼一來，如果有人看見你的行為，搞不好會把這件事當作話題說：「今天有人亂丟菸蒂，走在他後面的男性撿起了菸蒂丟進了菸灰缸，真叫人佩服呢！」然後聽到這個故事的其中一個人，如果突然心想「以後不要再亂丟菸蒂了！」那你的行為不就具有很棒的意義嗎？

如果那名老婆婆在地下鐵的售票處花了很多時間，那你不應該氣她，應該試著問「妳需要幫忙嗎」，老婆婆應該會很高興的。

生氣或動怒肯定會讓一個人的運氣變差。而那種「負面意識」也會對他人造成不良影響。

現代真的是一個急躁的社會。最近路上隨機傷人的事件增加，那種急躁到必須毫無理由去傷人的心態在社會上蔓延。看到這種狀況，如果你覺得「那樣不行」卻又感到心煩意亂，反而會讓狀況更加惡化。

遇到不合自己意的事情時，只會生氣是無法解決問題的。應該把意識放在「該怎麼做才能稍微改善該狀況？為此自己能做什麼？」才是重點。時常站在這個角度思考，就不太會生氣或動怒。

如果你在每天的日常生活中，總是感到非常氣憤的話，可以有意識地改變自己的想法。請務必嘗試看看。

77 試著覺得「一切都很順利」

前幾天朋友跟我說了他的親身經歷：「昨天發生了一個很猛的奇蹟喔！我開在中央高速公路上，隔壁車道的砂石車突然靠了過來，我一時心慌轉了方向盤，結果開上了中央分隔島，然後車子轉了一圈。我當時以為死定了，幸好後面沒車撿回了一條命，不過那樣都沒死真的是奇蹟呢。」

我聽完為他鬆了一口氣。

能撿回一條命真的是奇蹟。但仔細想想，我們要去某地時，都會覺得能平安抵達目的地是理所當然，但其實當中有無數的幸運。

今天你能有朝氣地出門上班，但如果昨天晚餐吃的魚有海獸胃線蟲之類的寄生蟲，你就會因為食物中毒而無法上班。如果你在路上不慎滑倒摔下樓骨折，便會直接被送到醫院。又或是被隨機殺人犯襲擊，人生因此而落幕。

你此刻能在某處讀這本書，是拜至今無數連鎖的幸運所賜不是嗎？

如果當時你到那個十字口再晚個五秒，可能已經被砂石車碾過。如果那時在壽司店吃的牡蠣不太新鮮，你現在可能躺在醫院的病床上呻吟也說不定。

如果被砂石車撞飛卻毫髮無傷是奇蹟，那眼看就快撞到你的砂石車千鈞一髮地擦身而過也是一種奇蹟。但更奇蹟的是連差點被砂石車撞到都沒有，一直平安度過的每一天。

既然如此，「追根究柢來說，我現在會在這裡不就是幸運連鎖的結果嗎？」我們應該以這樣的態度，再次審視日常生活。

而我們現在會在這裡，是因為雙親結婚的緣故。如果兩人當時錯過了或吵架分手，那我們也不會在這裡。這麼來想，現在我們能在這裡，真的是多虧了許多巧妙且美好的連鎖呢！

一件意外發生了會變成新聞。但在背後平安度過的無數事情則不會上報。我們應該更加留意隱藏在平安無事背後的美妙。

這麼一想，就能發現這個各種不道德蔓延的社會，其實是由大眾的良心在默默支撐的，也會想到其實有許多東西在支持我們。
「日日是好日」。
你的人生現在一切美好順利，試著這樣想吧！

後記

我認為在自己的人生中，能夠參與教育這個世界是一件非常幸運的事。說起來，我雖然從事人類教育，但我不是一個完美之人，每天還是過得「猶豫不決」，所以其實沒有偉大到能向他人說教。

但我在審視自己的內心，思考該如何才能消除煩惱或烏雲，讓自己能活得更有朝氣，然後持續實踐的過程中，我明白就像開車的技術一樣，生活方式很明顯也有分為「好的」和「不好的」。

我不認為本書所寫的內容是「真理」或是每個人都該有的思考方式。但我本身因為這樣思考，實際感受到自己被拯救過好多次，事物的進展也變得更加順利，同時人際關係也得到很好的改善。而且我感覺到在人類教育的工作中，這樣的思考方式非常有效。

所以，可以的話請試著實踐本書中所寫的一兩個項目。如果透過實踐，能讓你的心靈充滿朝氣，或是實現自己的夢想讓人生更有價值，那身為作者的我便會感到喜出望外。

期許你的人生，能夠益發燦爛。

好的
生活方式

Beautiful Life 57

陽轉思考

77個從逆境奮起的轉念智慧，人生再沒什麼過不去

原書書名——新・陽転思考—前向きに生きるための77の知恵
原出版社——日本コンサルタントグループ
作　　者——小田全宏

譯　　者——李麗真
企劃選書——何宜珍
責任編輯——劉枚瑛
版 權 部——黃淑敏、吳亭儀、翁靜如
行銷業務——林彥伶、石一志
總 編 輯——何宜珍
總 經 理——彭之琬
發 行 人——何飛鵬

法律顧問——元禾法律事務所　王子文律師
出　　版——商周出版
臺北市中山區民生東路二段141號9樓
電話：(02) 2500-7008　傳真：(02) 2500-7759
E-mail：bwp.service@cite.com.tw
發　　行——英屬蓋曼群島商家庭傳媒股份有限公司城邦分公司
臺北市中山區民生東路二段141號2樓
讀者服務專線：0800-020-299　24小時傳真服務：(02)2517-0999
讀者服務信箱E-mail：cs@cite.com.tw
劃撥帳號——19833503　戶名：英屬蓋曼群島商家庭傳媒股份有限公司城邦分公司
訂購服務——書虫股份有限公司客服專線：(02)2500-7718；2500-7719
服務時間——週一至週五上午09:30-12:00；下午13:30-17:00
24小時傳真專線：(02)2500-1990；2500-1991
劃撥帳號：19863813　戶名：書虫股份有限公司
E-mail：service@readingclub.com.tw
香港發行所——城邦(香港)出版集團有限公司
香港灣仔駱克道193號東超商業中心1樓
電話：(852) 2508 6231傳真：(852) 2578 9337
馬新發行所——城邦(馬新)出版集團
Cité (M) Sdn. Bhd. (458372U) 11, Jalan 30D/146, Desa Tasik, Sungai Besi,
57000 Kuala Lumpur, Malaysia.
電話：603-90563833　傳真：603-90562833
行政院新聞局北市業字第913號

封面設計及內文排版——copy
印　　刷——卡樂彩色製版印刷有限公司
經 銷 商——聯合發行股份有限公司　新北市231新店區寶橋路235巷6弄6號2樓
電話：(02)2917-8022　傳真：(02)2911-0053

2017年（民106）08月03日初版　Printed in Taiwan　定價350元　城邦讀書花園 www.cite.com.tw

ISBN 978-986-477-275-9
商周出版部落格——http://bwp25007008.pixnet.net/blog

國家圖書館出版品預行編目

陽轉思考 / 小田全宏著；李麗真譯. -- 初版. -- 臺北市：商周出版：家庭傳媒城邦分公司發行,
民106.08　272面；14.8*21公分　譯自：新.陽転思考：前向きに生きるための77の知恵
ISBN 978-986-477-275-9(平裝)　1.成功法　2.思考　177.2　106010171

廣　告　回　函
北區郵政管理登記證
台北廣字第000791號
郵資已付，免貼郵票

104台北市民生東路二段 141 號 9 樓

英屬蓋曼群島商家庭傳媒股份有限公司

城邦分公司

請沿虛線對摺，謝謝！

書號：BB7057　　書名：陽轉思考　　編碼：

請於此處用膠水黏貼

商周出版

讀者回函卡

謝謝您購買我們出版的書籍！請費心填寫此回函卡，我們將不定期寄上城邦集團最新的出版訊息。

姓名：________________ 性別：□男 □女

生日：西元________年________月________日

地址：________________

聯絡電話：________________ 傳真：________________

E-mail：________________

學歷：□1.小學 □2.國中 □3.高中 □4.大專 □5.研究所以上

職業：□1.學生 □2.軍公教 □3.服務 □4.金融 □5.製造 □6.資訊

□7.傳播 □8.自由業 □9.農漁牧 □10.家管 □11.退休

□12.其他________________

您從何種方式得知本書消息？

□1.書店 □2.網路 □3.報紙 □4.雜誌 □5.廣播 □6.電視

□7.親友推薦 □8.其他________________

您通常以何種方式購書？

□1.書店 □2.網路 □3.傳真訂購 □4.郵局劃撥 □5.其他________

您喜歡閱讀哪些類別的書籍？

□1.財經商業 □2.自然科學 □3.歷史 □4.法律 □5.文學

□6.休閒旅遊 □7.小說 □8.人物傳記 □9.生活、勵志 □10.其他

對我們的建議：________________

請於此處用膠水黏貼

Beautiful Life

Beautiful Life

Beautiful Life